Dieses Buch gehört:

Ein Geschenk von:

Datum:

MARTYN LLOYD-JONES

Biblische Erziehung

Christlicher Verlag
Voice of Hope

1. Auflage 2023

Originaltitel: Raising Children God's Way

Veröffentlicht von The Banner of Truth Trust
Edinburgh EH12 6EL, UK

Diese Ausgabe wurde in Absprache mit
The Banner of Truth Trust veröffentlicht.

Eckenhagener Str. 43
51580 Reichshof-Mittelagger
www.voh-shop.de

Neubearbeitete Übersetzung,
Lektorat und Design: Voice of Hope

Bestell-Nr. 875.286
ISBN 978-3-947978-86-1

ISBN 978-3-98967-200-0 – eBook

Soweit nicht anders vermerkt, wurden die Bibelzitate
der Schlachter-Bibel 2000 entnommen.

Inhalt

Vorwort

Was wir unseren Kindern heute mitgeben, wird sie und auch die nächste Generation prägen. Unsere ältere Generation genießt viele Privilegien, in die unsere Vorfahren viel investiert haben. In geistlicher Hinsicht sind es die sittlich-moralischen Maßstäbe unserer Eltern und Großeltern, die uns biblische Werte, ein biblisch geprägtes Verständnis von Recht und Unrecht und moralische Sensibilität vermittelt haben. Ihre Wertvorstellungen haben die Erziehung bestimmt, die uns gleichsam als Erbe übergeben wurde, und unsere Wertvorstellungen werden auch die künftige Generation unserer Kinder prägen.

Dass sich unsere heutige Gesellschaft in einem schrecklichen Zustand des moralischen Verfalls befindet, ist uns allen bewusst. Als gläubige Eltern fragen wir uns, welche Werte wir weitergeben sollen, um den kommenden Generationen zu helfen, sich in einer gottlosen Welt zurechtzufinden und dabei in Gottesfurcht zu leben. Wir sind aufgerufen, unseren Kindern die biblischen Grundsätze und Maßstäbe mit auf den Weg zu geben und sie in der Furcht des Herrn zu erziehen, denn sonst sind unsere Kinder völlig schutzlos auf sich allein gestellt.

Wir erleben heute den Niedergang von Ehe und Familie. Seit mehr als 50 Jahren sind die Zeichen des Zusammenbruchs der Familie sichtbar: Scheidung, Abtreibung, Feminismus, Alleinerziehende als Norm, LGBTQ-Lobby, Gender-Politik und ähnliche Merkmale. Wir sehen, wie das biblische Familienverständnis ausgelöscht wird, und wir fragen uns: Was sollen wir dem entgegensetzen, wie uns verhalten, wie unsere Kinder erziehen? Welchen Ratgebern können wir vertrauen?

In den letzten Jahren sind viele Bücher über Ehe und Familie geschrieben worden. Viele Vorträge und Seminare wurden zum Thema Familie und Erziehung gehalten; und doch beklagen Gemeinden, dass es in den gläubigen Familien viele Probleme gibt. Ein Teil des Problems liegt wahrscheinlich darin, dass viele Erziehungs- und Familienprogramme »christlich« genannt werden, obwohl sie dies in Wirklichkeit gar nicht sind. Viele Erziehungsbücher, die heute auf dem Markt angeboten werden, enthalten nichts anderes als säkulare Ideen – es sind christliche Konzepte die mit humanistischer Psychologie vermischt wurden.

In diesem Buch von Martyn Lloyd-Jones werden keine oberflächlichen »Fünf-Punkte-Konzepte« vorgestellt, die zu einem erstklassigen Ergebnis führen sollen. Als hervorragender Arzt und begnadeter Prediger geht Lloyd-Jones das Thema sehr gründlich an. Zunächst untersucht er die Krankheit – das Problem unseres Herzens und der Gesellschaft – und stellt eine Diagnose. Dann wendet er biblische Prinzipien auf das Herz an, die zu einer Veränderung des Denkens und schließlich zu einem gottgefälligen Leben führen können.

Die fünf Themen dieses Buches wurden ursprünglich jeweils in der Predigt am Sonntagmorgen in der Westminster Chapel im Rahmen einer Auslegung des Epheserbriefes dargelegt. Die Art und Weise, wie Lloyd-Jones die Beziehungen im Familienleben behandelt und sich dabei auf die

Lehre des Apostels Paulus stützt, ist von großer Bedeutung. Er betont, dass diese praktischen Fragen nicht richtig verstanden werden können, wenn sie nicht mit den tiefen Wahrheiten des christlichen Glaubens in Verbindung gebracht werden, auf die Paulus sie bezieht. Der Versuch, das praktische Leben der Gläubigen von der biblischen Lehre zu trennen, führt auf einen Irrweg. Lloyd-Jones macht deutlich, dass nur das wahre Christentum, das aus dem Wirken des Geistes Gottes hervorgeht, stark genug ist, die Gesellschaft zu durchdringen und zu verändern.

Wenn gläubige Eltern ihr Leben mehr und mehr nach biblischen Grundsätzen ausrichten und Gott im Mittelpunkt der Familie steht, wird die Kindererziehung und das ganze Familienleben zum Segen für die Gemeinde und die ganze Gesellschaft werden.

Als Eltern müssen wir erkennen, dass unsere Erziehungsaufgabe kein schweres Joch ist, das wir eben tragen müssen, sondern ein Privileg, das wir genießen dürfen. Wenn Gott uns mit Kindern segnen will, dann ist Sein Auftrag an uns als Eltern nichts anderes als eine Erweiterung dieses Segens. Die Erziehung der Kinder ist nur dann schwer, wenn wir es aus eigener Kraft, unabhängig von Christus, schaffen wollen, und wenn wir es uns selbst schwer machen, indem wir die einfachen Grundsätze Gottes nicht befolgen. Wenn wir unsere Pflicht vor Gott vernachlässigen, werden wir auch den Segen einbüßen, der mit dieser Aufgabe verbunden ist. In diesem Fall bürden wir uns selbst eine Last auf, die Gott uns als Eltern nie auferlegen wollte.

Möge Gott uns in Seiner Gnade ein kummervolles Leben ersparen! Darum dürfen wir uns der Verantwortung, die Gott uns als Eltern und Hirten der Kinderherzen übertragen hat, nicht entziehen. Erkennen wir nicht Seine Gnade darin, dass Er uns die Kinder in unsere Hände gelegt hat? Wenn wir uns diese Sicht bewahren, wird uns nichts in unserem Leben mehr Freude und Segen bringen, als unsere Kinder in der Zucht und Ermahnung des Herrn zu erziehen.

Wenn wir unsere Verantwortung ernst nehmen, werden wir in der Erziehung treu und gründlich sein. Genau das ist es, was die Schrift fordert: *»Und diese Worte, die Ich dir heute gebiete, sollst* *du auf dem Herzen tragen, und du sollst sie deinen Kindern einschärfen und davon reden, wenn du in deinem Haus sitzt oder auf dem Weg gehst, wenn du dich niederlegst und wenn du aufstehst« (5.Mo. 6,6-7).* Wir können die vielen täglichen Gelegenheiten ergreifen, unseren Kindern die Wahrheit des Evangeliums nahezubringen und zu festigen.

Manche Eltern verlassen sich bezüglich der geistlichen Versorgung ihrer Kinder auf die Sonntagsschule, auf Evangelisationen, auf besondere Veranstaltungen, bei denen Evangelisten Menschen zur Entscheidung für Jesus aufrufen. Viele dieser Evangelisationen lassen jedoch bezüglich der Kernwahrheiten der Botschaft manches zu wünschen übrig. Unsere Verantwortung als Eltern vor Gott bleibt bestehen: Wir müssen unsere Kinder weiterhin im Sinne von 5. Mose 6,6-7 lehren. Dabei dürfen wir aber nicht vergessen, dass nichts, was wir tun können, eine Garantie für die Errettung unserer Kinder ist. Wir können ihnen den Glauben nicht einflößen. Wir können sie vielleicht zu einem falschen Bekenntnis nötigen; aber echter Glaube kommt durch das Werk Gottes im Herzen des Kindes (Joh. 6,44-45). Lasst uns also ernsthaft im Gebet für das Heil unserer Kinder eintreten in dem Bewusstsein, dass Gott in Seiner Gnade dort wirkt, wo wir es nicht tun können.

In einer Zeit, in der viele Kinder in »zerrütteten Familien« aufwachsen, können gottesfürchtige Familien ein kraftvolles Zeugnis für das Wirken Gottes ablegen, das durch das Evangelium von Jesus Christus Eingang in diese Welt gefunden hat. Auf diese Weise können sie über rein praktische Fragen hinaus auf die tiefsten Wahrheiten der menschlichen Existenz hinweisen. Die gegenwärtige Situation bietet also den Christen und insbesondere den christlichen Familien eine wertvolle Gelegenheit, Zeugnis von der Wahrheit des Evangeliums abzulegen. Dieses Buch wird eine große Hilfe dabei sein, diese Gelegenheit freudig zu ergreifen.

Niko Derksen

Prediger und Lehrer der Reformierten Baptistengemeinde Reichshof

1

Gehorsame Kinder

In Epheser 6,1-4 geht es um die Beziehung zwischen Kindern und Eltern. Bei der Betrachtung dieses Textes ist es für uns von großer Bedeutung, daran zu denken, dass dies lediglich eine weitere Illustration des großen Prinzips ist, welches der Apostel in Kapitel 5 aufgestellt hat und das er in Bezug auf unsere verschiedenen zwischenmenschlichen Beziehungen auslegt.

Dieses Prinzip ist im achtzehnten Vers des fünften Kapitels festgehalten: *»Und berauscht euch nicht mit Wein, was Ausschweifung ist, sondern werdet voll Geistes.«* Das ist der Schlüssel, und alles, was er von dort an sagt, ist lediglich eine Illustration dessen, wie das Leben eines Christen, der mit dem Heiligen Geist erfüllt ist, in verschiedener Hinsicht geführt wird. Ein weiteres untergeordnetes, allgemeines Prinzip können wir in Vers 21 sehen: *»Ordnet euch einander unter in der Furcht Gottes!«*

Mit anderen Worten: Wir müssen bedenken, dass der Apostel Paulus behauptet, dass das Christenleben ein völlig neues Leben ist, das sich radikal vom »natürlichen« Leben, selbst in seiner allerbesten Form, unterscheidet. Es ging ihm in erster Linie darum, dieses neue Leben dem alten heidnischen Leben gegenüberzustellen, welches diese Menschen vor ihrer Bekehrung geführt hatten; und dies ist praktisch der Unterschied zwischen einem berauschten Menschen und einem Menschen, der mit dem Geist Gottes erfüllt ist. Es handelt sich hier nicht um bloße Ethik oder Sittlichkeit; sondern es ist vielmehr die Anwendung christlicher Lehre und christlicher Wahrheit.

DER NATÜRLICHE MENSCH

Paulus wendet dieses biblische Prinzip auf das Verhältnis von Eltern zu ihren Kindern und von Kindern zu ihren Eltern an.

Alle werden mir zustimmen, dass dies in der gegenwärtigen Zeit ein überaus wichtiges Thema ist. Wir leben in einer Welt, die einen alarmierenden Zusammenbruch im Bereich der Erziehung erlebt. Gesetzlosigkeit greift um sich, die Disziplin bricht in allen diesen grundlegenden Lebensbereichen – in der Ehe und den familiären Beziehungen – zusammen. Ein Geist der Gesetzlosigkeit verbreitet sich, und Dinge, die einst mehr oder weniger als selbstverständlich betrachtet wurden, werden nicht nur bezweifelt und hinterfragt, sondern auch verspottet und aufgegeben. Es besteht kein Zweifel, dass wir in einer Zeit leben, in der ein Sauerteig des Bösen in der ganzen Gesellschaft aktiv wirkt.

Wir können noch weitergehen – und ich sage lediglich etwas, über das sich alle Beobachter des heutigen Lebens, ob Christen oder Nichtchristen, einig sind – und behaupten, dass wir in vielerlei Hinsicht vor einem völligen Kollaps und Zusammenbruch dessen stehen, was »Zivilisation« und Gesellschaft heißt. Und in keinerlei Hinsicht ist dies offenkundiger als in diesem Bereich der Beziehung zwischen Eltern und Kindern.

Ich weiß, dass vieles von dem, was wir beobachten, wahrscheinlich eine Reaktion auf etwas ist, was in den ersten Jahren des zwanzigsten Jahrhunderts leider viel zu geläufig war. Ich werde später mehr darüber sagen müssen, aber ich erwähne es nebenbei schon jetzt, um dieses Problem deutlich genug darzulegen. Es hat zweifellos eine Reaktion gegenüber dem harten, gesetzlichen und nahezu grausamen Vatertyp stattgefunden. Damit entschuldige ich nicht die gegenwärtige Lage, aber es ist wichtig, dass wir sie verstehen und versuchen, ihre Ursprünge zurückzuverfolgen. Welche Ursache es auch immer sein mag, so kann es doch keinem Zweifel unterliegen, dass sie maßgeblich zu diesem Zusammenbruch im ganzen Bereich der Disziplin, des Rechts und der Ordnung beigetragen hat.

Die Heilige Schrift macht uns in ihrer Lehre und in ihrer Geschichte deutlich, dass dies etwas ist, was in einer Zeit des Irrglaubens und der Gottlosigkeit zwangsläufig geschieht. Ein bemerkenswertes Beispiel dafür haben wir in dem, was der Apostel Paulus in der zweiten Hälfte des ersten Kapitels des Römerbriefes, von Vers 18 bis zum Ende, über die Welt sagt. Dort verfasst er eine schockierende Beschreibung des Zustandes der Welt jener Zeit, in welche unser Herr kam.

Es war ein Zustand purer Gesetzlosigkeit. Und unter den verschiedenen Erscheinungsformen jener Gesetzlosigkeit, die er aufzählt, schließt er auch diese Sache ein, die wir jetzt näher betrachten.

> Zunächst sagt er: *»Und gleichwie sie Gott nicht der Anerkennung würdigten, hat Gott auch sie dahingegeben in unwürdige Gesinnung, zu verüben, was sich nicht geziemt« (V. 28).*

> Dann folgt die Beschreibung: »... *als solche, die voll sind von aller Ungerechtigkeit, Unzucht, Schlechtigkeit, Habsucht, Bosheit; voll Neid, Mordlust, Streit, Betrug und Tücke, solche die Gerüchte verbreiten, Verleumder, Gottesverächter, Freche, Übermütige, Prahler, erfinderisch im Bösen, den Eltern ungehorsam; unverständig, treulos, lieblos, unversöhnlich, unbarmherzig*« *(V. 29-31)*.

In diese schreckliche Liste bezieht Paulus den Ungehorsam den Eltern gegenüber mit ein.

Im zweiten Brief an Timotheus, dem wahrscheinlich letzten Brief, den er überhaupt schrieb, kündigt er in Kapitel 3 Folgendes an: »*Das aber sollst du wissen, dass in den letzten Tagen schlimme Zeiten eintreten werden*« *(V. 1)*. Dann führt er die Merkmale solcher Zeiten auf:

> »*Denn die Menschen werden sich selbst lieben, geldgierig sein, prahlerisch, überheblich, Lästerer, den Eltern ungehorsam, undankbar, unheilig, lieblos, unversöhnlich, verleumderisch, unbeherrscht, gewalttätig, dem Guten feind, Verräter, leichtsinnig, aufgeblasen; sie lieben das Vergnügen mehr als Gott*« *(V. 2-4)*.

In beiden Fällen erinnert der Apostel uns daran, dass in einer Zeit des Abfalls, einer Zeit der groben Gottlosigkeit und des Unglaubens, in der die Fundamente erschüttert werden, eine der auffälligsten Erscheinungsformen der Gesetzlosigkeit der Ungehorsam den Eltern gegenüber ist. Also ist es nicht überraschend, dass er hierauf die Aufmerksamkeit lenkt, wobei er uns Beispiele dafür gibt, wie sich ein Leben offenbart, das »voll Geistes« ist.

Wann werden die Obrigkeiten lernen und erkennen, dass ein unauflöslicher Zusammenhang zwischen Gottlosigkeit und einem Mangel an Moral und anständigem Benehmen besteht? In dieser Beziehung gibt es eine bestimmte Ordnung. *»Denn es wird geoffenbart Gottes Zorn vom Himmel her«*, schreibt der Apostel in Römer 1,18, *»über alle Gottlosigkeit und Ungerechtigkeit der Menschen.«* Gottlosigkeit wird zwangsläufig auch Ungerechtigkeit zur Folge haben.

Die Tragödie ist jedoch, dass die Obrigkeiten – unabhängig davon, welche politische Partei gerade an der Macht ist – sich alle lieber von der modernen Psychologie leiten lassen als von der Heiligen Schrift. Sie alle sind davon überzeugt, dass sie Ungerechtigkeit, an und für sich direkt bekämpfen können. Doch das ist unmöglich. Ungerechtigkeit ist immer die Folge von Gottlosigkeit; und die einzige Hoffnung, wie man wieder ein gewisses Maß an Gerechtigkeit ins Leben zurückbringen kann, ist eine Wiederbelebung der Gottesfurcht. Genau das sagt der Apostel den Ephesern (Kap. 5,21) und auch uns.

Die besten und die moralisch am höchsten stehenden Zeitabschnitte in der Geschichte unseres Landes und jedes anderen Landes waren immer jene Perioden, die auf gewaltige geistliche Erweckungen folgten. Das Problem der Gesetzlosigkeit und der mangelnden Disziplin, das Problem der Kinder und der Jugend bestand einfach vor vielen Jahren nicht in der Form, wie es sich jetzt manifestiert. Warum? Weil die große Erweckung des 18. Jahrhunderts sich immer noch auswirkte. Doch wenn dieser Einfluss sich nicht mehr geltend macht, kommen diese schrecklichen moralischen und gesellschaftlichen Probleme zurück, wie der Apostel Paulus uns belehrt, so wie sie im Laufe der Jahrhunderte immer wieder zurückgekommen sind.

Die gegenwärtigen Verhältnisse machen es daher erforderlich, dass wir uns die Aussage des Apostels etwas näher ansehen. Ich glaube, dass gottesfürchtige Familien eine einzigartige Gelegenheit haben, der Welt Zeugnis zu geben, indem sie einfach nur anders sind. Wir können echte Evangelisten sein, indem wir Recht und Ordnung, Disziplin und die richtige Beziehung zwischen Eltern und Kindern offenbaren. Wir könnten das Mittel in der Hand Gottes sein, um viele Menschen zur Erkenntnis der Wahrheit zu bringen. Deshalb sollten wir es aus dieser Perspektive betrachten.

DER MENSCH UNTER DEM GESETZ

Es gibt aber auch noch einen weiteren Grund, weshalb wir alle diese Belehrung brauchen; denn der Bibel zufolge wird sie nicht nur von solchen benötigt, die keine Christen sind, sondern auch Christen haben diese Ermahnung nötig, weil an diesem Punkt häufig der Teufel auf sehr subtile Weise angreift und versucht, uns abzulenken.

Im fünfzehnten Kapitel des Matthäusevangeliums diskutiert unser Herr mit den religiösen Führern Seiner Zeit über diesen Punkt, weil sie auf ganz raffinierte Weise eine der deutlichen Anweisungen der Zehn Gebote umgingen. Die Zehn Gebote hatten sie dazu angewiesen, ihre Eltern zu ehren, sie zu respektieren und für sie zu sorgen; allerdings geschah es, dass einige dieser Menschen, die von sich behaupteten, ultrareligiös zu sein, anstatt dieses Gebot zu befolgen, im Grunde sagten: »Ich habe diese Geldsumme, die ich habe, dem Herrn geweiht; deshalb kann ich mich nicht um euch, meine Eltern, kümmern.« Unser Herr antwortete folgendermaßen darauf:

> *»Ihr aber sagt: Wer zum Vater oder zur Mutter spricht: Ich habe zur Weihegabe bestimmt, was dir von mir zugutekommen sollte!, der braucht auch seinen Vater oder seine Mutter nicht mehr zu ehren« (Mt. 15,5).*

Sie sagten damit: »Dies ist eine Weihegabe; dies ist dem Herrn geweiht. Natürlich würde ich mich gern um euch kümmern und euch helfen usw., aber dies ist dem Herrn geweiht.« Auf diese Weise vernachlässigten sie ihre Eltern und ihre Pflichten ihnen gegenüber.

Das war eine sehr subtile Gefahr, und sie ist auch bei uns immer noch vorhanden. Es gibt heutzutage junge Menschen, die der christlichen Sache großen Schaden zufügen, indem sie gerade an diesem Punkt vom Satan irregeführt werden. Sie sind unfreundlich zu ihren Eltern, und – was noch schwerwiegender ist – sie sind im Zusammenhang mit ihren christlichen Ideen und ihrem Dienst in der Gemeinde unfreundlich zu ihren Eltern. Also sind sie für ihre eigenen unbekehrten Eltern ein Stolperstein. Solche Christen können nicht erkennen, dass diese wichtigen Gebote für uns nicht abgetan sind, wenn wir Christen werden, sondern dass wir sie viel mehr ausleben und sie mehr in die Praxis umsetzen sollten, als wir es je zuvor getan haben.

Im Lichte dieser Dinge wollen wir nun beachten, wie der Apostel Paulus den Sachverhalt ausdrückt. Er beginnt nun mit den Kindern, während er sich immer noch desselben Prinzips bedient wie im Fall der ehelichen Beziehung. Er kommt zu denjenigen, die unter dem Gehorsamsgebot stehen; zu denen, die sich unterordnen sollen. Er hatte mit den Ehefrauen begonnen, und dann fuhr er mit den Ehemännern fort. Hier kommt er zu den Kindern und fährt dann mit den Eltern fort. Er geht so vor, weil er diesen fundamentalen Punkt illustriert: *»Ordnet euch einander unter in der Furcht Gottes!«* Die Anweisung lautet: *»Ihr Kinder, seid gehorsam euren Eltern.«* Und dann erinnert er sie an das Gebot: *»Du sollst deinen Vater und deine Mutter ehren.«*

Nebenbei möchten wir den interessanten Punkt hervorheben, dass wir hier noch einmal etwas haben, was das Christentum vom Heidentum unterscheidet. Die Heiden zu jener Zeit verbanden diesbezüglich nicht die Mutter mit dem Vater, sondern sprachen allein von dem Vater. Der christliche Standpunkt jedoch stellt, genauso wie er Mose von Gott gegeben wurde, die Mutter neben den Vater. Die Anordnung lautet, dass Kinder ihren Eltern gehorchen sollen, und das Wort »gehorchen« bedeutet nicht nur »hören auf«, sondern impliziert auch ein Hören in dem Bewusstsein, dass man unter Autorität steht, also »hören unter«. Man hört auf ein Gebot, und man hört nicht nur zu, sondern man erkennt seine Stellung der Unterwürfigkeit an und setzt es anschließend in die Praxis um.

Allerdings ist es von allergrößter Bedeutung, dass dies durch den begleitenden Gedanken des »Ehrens« bestimmt und kontrolliert wird. *»Du sollst deinen Vater und deine Mutter ehren.«* Das bedeutet: Respekt, Ehrfurcht haben. Dies ist ein wesentlicher Bestandteil des Gebotes. Kinder sollen keinen mechanischen und widerwilligen Gehorsam leisten. Das wäre völlig falsch; damit würde man dem Buchstaben folgen, aber nicht dem Geist. Gerade das hat unser Herr bei den Pharisäern so stark verurteilt. Nein, sie sollen sowohl den Geist als auch den Buchstaben des Gesetzes beachten.

Kinder sollen ihre Eltern ehren und sie respektieren; sie sollen die Beziehung beachten, die zwischen ihnen besteht, und sie sollen sich darin freuen. Sie sollen den Gehorsam als ein großes Vorrecht betrachten, und deshalb müssen sie sich anstrengen, um diese Ehrfurcht und diesen Respekt in jeder ihrer Handlungen zu erweisen.

Der Appell des Apostels impliziert, dass gläubige Kinder in einem völligen Gegensatz zu gottlosen Kindern stehen sollten, die gemeinhin mangelnde Ehrfurcht vor ihren Eltern zeigen und fragen: »Wer sind sie schon?! Warum sollte ich auf sie hören?!« Sie betrachten ihre Eltern als »rückständige Personen« und sprechen respektlos über sie. In all diesen Aspekten des Verhaltens behaupten sie sich selbst, ihre eigenen Rechte und ihre Modernität.

Das geschah auch in der heidnischen Gesellschaft, aus der diese Epheser gekommen waren, so wie es auch in der heidnischen Gesellschaft geschieht, von der wir heutzutage umgeben sind. Ständig lesen und hören wir in den Medien davon, wie diese Gesetzlosigkeit eintritt und wie Kinder, wie man es heute formuliert, »in einem früheren Lebensalter reif werden.« So etwas gibt es natürlich nicht. Die Physiologie verändert sich nicht. Was sich verändert, ist die Mentalität und die Einstellung, was zur Folge hat, dass man sich nicht mehr von biblischen Prinzipien und biblischer Lehre, sondern von seinen Begierden leiten lässt. Auf allen Seiten hört man davon: Junge Leute sprechen respektlos über ihre Eltern, schauen sie respektlos an, setzen sich über alles hinweg, was sie ihnen sagen, und behaupten sich selbst und ihre eigenen Rechte.

Dies ist eine der schmutzigsten Manifestationen der Sündhaftigkeit und Gesetzlosigkeit dieses gegenwärtigen Zeitalters. Nun aber sagt der Apostel über und gegen alles derartige Verhalten: »*Ihr Kinder, seid gehorsam euren Eltern.* Ehrt euren Vater und eure Mutter, behandelt sie mit Respekt und mit Ehrfurcht. Zeigt, dass ihr ihre Stellung und das, was sie bedeutet, anerkennt.«

Warum gibt Paulus diese Anweisung?

Wir wollen aber auch einen Blick auf die Gründe werfen, weshalb der Apostel diese Anweisung erteilt. Ich behandle sie bewusst, wie sich später zeigen wird, in dieser speziellen Reihenfolge.

1. Es ist Teil der Schöpfungsordnung

Der erste Grund lautet: »*Denn das ist recht.*« Damit meint er: Es ist gerecht; es ist etwas, was im Kern richtig und an und für sich gut ist. Bist du überrascht, dass der Apostel es so ausdrückt? Es gibt gewisse Christen – sie beanspruchen in der Regel für sich selbst ein ungewöhnliches Maß an Frömmigkeit –, die immer gegen diese Art der Argumentation protestieren. Sie sagen: »Ich denke nicht länger auf der natürlichen Ebene; denn ich bin jetzt Christ.«

Doch der große Apostel äußerte sich nicht so. Er sagt: *»Ihr Kinder, seid gehorsam euren Eltern.«* »Warum sollte ich meinen Eltern gehorchen?«, mag jemand fragen. Die erste Antwort von Paulus ist: *»Denn das ist recht«*; dies ist eine gerechte Handlungsweise. Der Christ verachtet diese Ebene nicht, sondern er beginnt geradezu mit der natürlichen Ebene.

Wenn Paulus sagt: *»Denn das ist recht«,* bezieht er sich damit auf die Schöpfungsordnung, wie sie ganz am Anfang im ersten Buch Mose dargelegt ist. Wenn wir die Prinzipien für Ehemänner und Ehefrauen studieren, dann sehen wir, wie Paulus dasselbe tat: Er ging zurück und zitierte aus dem zweiten Kapitel des ersten Buches Mose: *»Deshalb wird ein Mann seinen Vater und seine Mutter verlassen und seiner Frau anhängen, und die zwei werden* ***ein*** *Fleisch sein« (Eph. 5,31).* Als er sich mit der ehelichen Beziehung beschäftigte, zögerte er nicht, im Grunde zu sagen: »Ich bitte euch nur, das zu tun, was grundlegend ist, was natürlich ist, was im Blick auf Mann und Frau, Ehemann und Ehefrau, von Anfang an gegolten hat.«

Und jetzt teilt er uns mit, dass in Bezug auf die Stellung von Kindern dieses Prinzip ebenfalls schon am Anfang gegolten hat, dass es immer so gewesen ist, dass es ein Teil der Schöpfungsordnung, ein Teil der grundlegenden Lebensregeln ist. Dies ist etwas, das man nicht nur unter Menschen findet, sondern das auch unter Tieren funktioniert. In der Tierwelt sorgt die Mutter für den jungen Nachwuchs, der gerade geboren worden ist, kümmert sich darum, füttert und schützt ihn. Nicht nur das: Sie lehrt ihren Nachwuchs auch, wie er bestimmte Dinge tun muss; sie bringt einem kleinen Vogel bei, wie er seine Flügel benutzen, einem kleinen Säugetier, wie es laufen und stolpern und sich durchkämpfen muss. Dies ist die Ordnung der Natur.

Die junge Kreatur benötigt in ihrer Schwachheit und Unwissenheit den Schutz, die Leitung und die Hilfe ihrer Mutter sowie die Unterweisung, die sie ihr erteilt. Also sagt der Apostel: *»Seid gehorsam euren Eltern ... denn das ist recht.«* Christen sind nicht von dieser natürlichen Ordnung losgelöst, die überall in der Schöpfung zu finden ist.

Es ist bedauernswert, dass man dies Christen überhaupt so sagen muss. Wie ist es nur möglich, dass Menschen irgendwo von etwas abweichen können, was so völlig klar ist und zur Ordnung und zum Lauf der Natur gehört? Selbst die Weisheit der Welt erkennt dies an. Es gibt Menschen in unserer Umgebung, die überhaupt keine Christen sind, die aber entschlossen an Disziplin und Ordnung festhalten. Warum? Weil das ganze Leben und die ganze Natur dies erkennen lassen.

Es ist töricht, wenn Kinder sich ihren Eltern widersetzen und sich weigern, auf sie zu hören und ihnen zu gehorchen. Wir sehen, wie Tiere dies manchmal tun, und wir amüsieren uns darüber. Aber wie viel lächerlicher ist es, wenn ein Mensch etwas Derartiges tut! Es ist unnatürlich, wenn Kinder ihren Eltern nicht gehorchen; sie verstoßen gegen etwas, was zum A und O der menschlichen Natur gehört und überall zu sehen ist. Das Leben ist auf dieser Grundlage geplant worden. Und wenn sie nicht da wäre, würde das Leben bald chaotisch werden und seine eigene Existenz beenden.

»Das ist recht.« Dieser Aspekt der neutestamentlichen Lehre hat etwas an sich, was mir ganz wunderbar erscheint. Er zeigt, dass man das Alte Testament nicht vom Neuen Testament trennen darf. Ein Christ kann durch nichts seine Unwissenheit deutlicher zur Schau stellen, als wenn er sagt: »Natürlich interessiere ich mich jetzt, wo ich Christ bin, nicht mehr für das Alte Testament.« Das ist völlig falsch, denn, wie der Apostel uns hier erinnert, ist der Gott, der im Anfang alles schuf, auch der Gott, der errettet. Es ist vom Anfang bis zum Ende *ein* Gott.

Gott schuf überall in der Natur das männliche und das weibliche Geschlecht, und Er schuf Eltern und Kinder. Er tat es auf diese Weise, und das Leben muss nach diesen Prinzipien funktionieren. Also beginnt der Apostel seine Ermahnung, indem er praktisch sagt: »Dies ist recht, dies ist grundlegend, dies ist fundamental, dies ist ein Teil der natürlichen Ordnung. Entzieht euch diesem Prinzip nicht; wenn ihr es doch tut, verleugnet ihr euren Glauben, verleugnet ihr den Gott, der das Leben in dieser Form einrichtete und es nach diesen Prinzipien funktionieren lässt. Gehorsam ist richtig.«

2. Es ist Gottes Gebot

Doch nachdem er sich so geäußert hat, fährt der Apostel mit seinem zweiten Punkt fort. Dies ist nicht nur recht, sagt er, sondern dies ist auch *»das erste Gebot mit einer Verheißung«. »›Du sollst deinen Vater und deine Mutter ehren‹, das ist das erste Gebot mit einer Verheißung.«* Damit meint er, dass das Ehren der Eltern nicht nur im Kern richtig ist, sondern es tatsächlich eines der Dinge ist, die Gott in den Zehn Geboten genau bestimmte. Dies ist das fünfte Gebot: *»Du sollst deinen Vater und deine Mutter ehren.«* Hier haben wir wieder einen interessanten Punkt.

In gewissem Sinn stand in den Zehn Geboten nichts Neues. Warum wurden sie dann überhaupt gegeben? Deshalb, weil die Menschheit, die Kinder Israel eingeschlossen, in ihrer Sünde und ihrer Torheit von diesen fundamentalen Geboten Gottes, die das ganze Leben betreffen, völlig abgewichen war. Also sagte Gott quasi: »Ich werde sie noch einmal einzeln nacheinander festhalten; Ich werde sie Selbst schreiben und unterstreichen, sodass die Menschen sie deutlich sehen werden.« Es war immer verkehrt gewesen, den Eltern ungehorsam zu sein; es war immer verkehrt gewesen, zu stehlen und Ehebruch zu begehen. Jene Gesetze begannen nicht mit der Erlassung der Zehn Gebote. Die Zehn Gebote waren dazu gedacht, sie den Menschen einzuschärfen, sie mit Nachdruck festzuschreiben und damit zu sagen: »Dies sind die Dinge, die ihr beobachten müsst.« Das erste Gebot mit Verheißung ist das fünfte Gebot im Dekalog. Gott hat alles getan, um die Aufmerksamkeit gerade darauf zu lenken.

Was meint der Apostel mit dem Ausdruck *»das erste Gebot mit einer Verheißung«?* Dies ist ein schwieriger Punkt, und wir können diese Frage nicht endgültig beantworten. Er bedeutet offensichtlich nicht, dass dies das erste Gebot sei, mit dem eine Verheißung verbunden wäre, denn man wird leicht bemerken, dass mit gar keinem der noch folgenden Gebote eine Verheißung verbunden ist. Wenn es so wäre, dass mit den Geboten 6, 7, 8, 9 und 10 Verheißungen verbunden wären, dann könnte man mit Recht sagen: »Paulus meint natürlich, dass dies das erste der Gebote ist, mit dem Gott eine Verheißung verbindet.« Aber es ist keine Verheißung mit den noch folgenden Geboten verbunden; also kann der Ausdruck nicht diesen Sinn haben.

Was bedeutet er dann? Er könnte bedeuten, dass wir ab hier, ab diesem fünften Gebot, Unterweisungen bezüglich unserer Beziehungen zueinander finden. Bis dahin ging es um unsere Beziehung zu Gott, Seinem Namen, Seinem Tag usw. Doch hier wendet Gott sich unseren Beziehungen zueinander zu; also könnte es in diesem Sinne das erste Gebot sein.

Darüber hinaus könnte es allerdings auch bedeuten, dass es nicht so sehr in der Reihenfolge, als vielmehr im Rang das erste Gebot ist; dass Gott darauf bedacht war, es den Kindern Israel in einem solchen Maß einzuschärfen, dass Er diese Verheißung hinzufügte, um ihm Geltung zu verschaffen. Sozusagen das erste Gebot im Rang, das bedeutendste Gebot! Nicht dass letztlich irgendeines dieser Gebote wichtiger wäre als die anderen, denn sie sind alle wichtig. Nichtsdestoweniger gibt es eine relative Wichtigkeit, und ich würde es deshalb so betrachten wollen, dass dies eines der Gesetze ist, deren Vernachlässigung zum Zusammenbruch der Gesellschaft führen.

Ob wir es nun wollen oder nicht, ein Zusammenbruch im Familienleben wird schließlich zu einem Zusammenbruch in allen Bereichen führen. Dies ist sicherlich der bedrohlichste und gefährlichste Aspekt des Zustandes der Gesellschaft in der gegenwärtigen Zeit. Wenn einmal die Idee von der Familie, wenn die Einheit und das Leben der Familie zerbrochen sind – wenn das einmal dahin ist, wird man bald keine anderen Bindungen mehr haben. Das ist die ernsteste Sache überhaupt. Und das ist vielleicht der Grund, weshalb Gott dieses Gebot mit einer Verheißung verbunden hat.

Allerdings glaube ich, dass man hier sogar noch einen weiteren Hinweis finden kann. Diese Beziehung von Kindern zu ihren Eltern hat etwas an sich, was in dem Sinn einzigartig ist, da es auf eine noch höhere Beziehung hindeutet. Letztlich ist Gott unser Vater. Das ist der Begriff, den Er Selbst gebraucht; das ist der Begriff, den unser Herr in Seinem Mustergebet gebrauchte: »Unser Vater im Himmel.« Daher ist der irdische Vater quasi eine Erinnerung an jenen anderen Vater, den himmlischen Vater. In der Beziehung von Kindern zu ihren Eltern sehen wir ein Bild der ursprünglichen Beziehung der gesamten Menschheit zu Gott. Wir alle sind vor Gott »Kinder«. Er ist unser Vater: *»Denn auch wir sind von Seinem*

Geschlecht« (Apg. 17,28). Also ist die Beziehung zwischen Eltern und ihren Kindern in einer wunderbaren Weise eine Reaktion und ein Bild, ein Portrait, eine Predigt dieser ganzen Beziehung, die insbesondere zwischen denjenigen, die Christen sind, und Gott Selbst besteht.

Im dritten Kapitel dieses Briefes wird in Vers 14 und 15 darauf Bezug genommen. Dort sagt der Apostel: *»Deshalb beuge ich meine Knie vor dem Vater unseres Herrn Jesus Christus, von dem jedes Geschlecht im Himmel und auf Erden den Namen erhält.«* Manche sagen, dass die Übersetzung hier lauten solle: »Gott ist der Vater aller Väter.« Ganz gleich, ob dies so gemeint ist oder nicht, finden wir dort auf jeden Fall einen Hinweis darauf, dass die ganze Beziehung eines Vaters zu seinen Kindern uns immer an unsere Beziehung zu Gott erinnern sollte. In diesem Sinne ist diese spezielle Beziehung einzigartig. Das gilt nicht für die Beziehung zwischen Ehemann und Ehefrau, die uns, wie wir sahen, an Christus und die Gemeinde erinnert. Diese Vater-Kind-Beziehung aber erinnert uns an Gott Selbst als den Vater und uns als Kinder. Die Familie, diese Beziehung zwischen Eltern und Kindern, hat etwas sehr Heiliges an sich, und Gott hat uns dies in den Zehn Geboten gleichsam so mitgeteilt. Als Er Sein Gebot aufstellte: *»Du sollst deinen Vater und deine Mutter ehren«*, verband Er damit eine Verheißung.

Welche Verheißung? *»Damit es dir gut geht und du lange lebst auf Erden« (Eph. 6,3).* Da diese Verheißung ursprünglich den Kindern Israel gegeben worden war, kann kein Zweifel daran bestehen, dass sie Folgendes bedeutete: »Wenn ihr in diesem Land der Verheißung, in das Ich euch führen werde, weiterleben wollt, dann beachtet diese Gebote, insbesondere dieses eine! Wenn ihr eine Zeit des Segens und des Glücks in jenem verheißenen Land genießen wollt, dann haltet diese Gebote, insbesondere dieses eine!« Zweifellos war das die ursprüngliche Bedeutung.

Jetzt aber verallgemeinert der Apostel die Verheißung, weil er sich hier sowohl an Heiden als auch an Juden richtet, die Christen geworden waren. Also sagt er im Grunde: »Nun, wenn ihr wollt, dass es euch in allem gut gehe, und wenn ihr ein langes und erfülltes Leben auf der Erde führen wollt, dann ehrt euren Vater und eure Mutter.« Bedeutet dies nun, dass ich, wenn ich ein pflichtbewusster Sohn oder eine pflichtbewusste

Tochter bin, zwangsläufig ein hohes Alter erreiche? Nein, das folgt nicht daraus. Die Verheißung beinhaltet allerdings sicherlich dies, dass du, wenn du ein gesegnetes Leben, ein erfülltes Leben unter dem Segen Gottes führen möchtest, dieses Gebot befolgen musst. Gott mag dann beschließen, dich als ein Vorbild eine lange Zeit auf dieser Erde zu belassen. Ganz gleich, wie alt du schlussendlich sein magst, wenn du diese Welt verlässt, wirst du doch wissen, dass du unter dem Segen und der guten Hand Gottes stehst.

Wir dürfen diese Dinge nicht auf mechanische Weise betrachten. Vielmehr will die Verheißung uns deutlich machen, dass Gott großes Wohlgefallen an Menschen hat, die dieses Gebot beachten, und dass Gott, wenn wir es uns zum Ziel setzen, Seine Gebote – und insbesondere dieses eine – mit der richtigen Motivation zu befolgen, mit Wohlgefallen und einem freundlichen Lächeln auf uns herabblicken und uns segnen wird. Gott sei Dank für solch eine wunderbare Verheißung! Das führt uns zum dritten und letzten Punkt.

3. Es ist Gottes Gnade

Wir sollten bemerken, wie der Apostel es ausdrückt: *»Ihr Kinder, seid gehorsam euren Eltern… Du sollst deinen Vater und deine Mutter ehren.«*

Wir haben bisher gesehen, dass die Natur es uns vorgibt und das Gesetz es uns vorgibt. Allerdings müssen wir noch darüber hinausgehen und zur Gnade vordringen! Dies ist die Ordnung – Natur, Gesetz, Gnade. *»Ihr Kinder, seid gehorsam euren Eltern in dem Herrn …«* Es ist entscheidend, dass wir den Ausdruck »in dem Herrn« richtig verstehen. Es bedeutet nicht: »Ihr Kinder, gehorcht euren Eltern, die in dem Herrn sind.« Es bedeutet vielmehr: »Ihr Kinder, gehorcht in dem Herrn euren Eltern.« Der Apostel wiederholt hier also dasselbe, was er im Falle der Ehemänner und Ehefrauen gesagt hatte.

> *»Ihr Frauen, ordnet euch euren eigenen Männern unter* ***als dem Herrn****« (Kap. 5,22).*

> *»Ihr Männer, liebt eure Frauen,* ***gleichwie auch der Christus*** *die Gemeinde geliebt hat« (Kap. 5,25).*

In seinen Worten an die Knechte lesen wir dann: *»Ihr Knechte, gehorcht euren leiblichen Herren* *mit Furcht und Zittern, in Einfalt eures Herzens,* ***als dem Christus****« (Kap. 6,5).* Das ist die eigentliche Bedeutung von »in dem Herrn«. Hier wird der höchste Grund für diesen Gehorsam gezeigt.

Wir sollen unseren Eltern gehorchen und sie ehren und respektieren, weil dies ein Bestandteil unseres Gehorsams unserem Herrn und Retter Jesus Christus gegenüber ist. Letztlich sollen wir es aus diesem Grund tun. Die Natur gibt es uns vor, das Gesetz hat es betont, aber als Christen haben wir diesen weiteren Grund, diesen wichtigen und gewaltigen Grund: Christus fordert uns auf, dies zu tun; es ist Sein Gebot; unter anderem können wir auf diese Weise unsere Beziehung zu Ihm und unseren Gehorsam Ihm gegenüber zeigen. *»Ihr Kinder, seid gehorsam euren Eltern* ***in dem Herrn****.«* Es gibt jene untergeordneten Gründe, aber bei ihnen darf man nicht stehenbleiben, sondern muss dem Gebot um Christi willen gehorchen.

Hier möchte ich noch einmal betonen, dass dies ganz typisch für die neutestamentliche Lehre ist. Das Evangelium schafft nie das Natürliche ab. Missverstehe mich nicht; ich spreche nicht von der »gefallenen Natur«. Ich rede von dem »Natürlichen« und meine damit das, was Gott ursprünglich geschaffen und verordnet hat. Das Evangelium widerspricht in diesem Sinne niemals dem Natürlichen. Es gab in der Frühzeit des Christentums Menschen, die meinten, dass sogar die eheliche Beziehung der Natur widerspreche. Aus diesem Grund musste Paulus das siebte Kapitel des ersten Korintherbriefes schreiben. Manche in Korinth argumentierten folgendermaßen: »Ich bin Christ geworden, meine Ehefrau nicht. Nun, weil ich Christ bin und sie nicht, werde ich sie verlassen.« Und Ehefrauen sagten dasselbe. Doch Paulus zeigt, dass das verkehrt ist. Das Evangelium fordert uns nie dazu auf, das Natürliche zu verleugnen oder ihm zuwiderzuhandeln; wir sollen niemals unnatürlich sein. Vielmehr erhebt das Evangelium das Natürliche und heiligt es.

Dasselbe gilt für das Gesetz. Das Evangelium schafft das Gesetz als Lebensregel nicht ab. Allerdings fügt es ihm Gnade hinzu und befähigt uns somit, das Gesetz zu erfüllen. »Ihr Kinder, ehrt euren Vater und eure Mutter«, sagt es. Das Gesetz gab den Befehl, das Evangelium tut das Gleiche;

aber es gibt uns diesen höheren Grund für den Gehorsam, es gibt uns eine Einsicht und ein Verständnis in das Gebot.

Wir, die wir Christen sind, erkennen, dass wir es »in dem Herrn« tun – dem Herrn, der aus dem Himmel herabkam.

- Er kam aus dem Himmel herab, um das Gesetz Seines Vaters zu ehren.
- Er hielt das Gesetz, Er lebte nach dem Gesetz.
- Und Er hat uns erlöst, um *»für sich Selbst ein Volk zum besonderen Eigentum zu reinigen, das eifrig ist, gute Werke zu tun« (Tit. 2,14)*, d. h. damit wir das Gesetz »erfüllen« könnten.
- Er gab sich Selbst für uns, *»damit die vom Gesetz geforderte Gerechtigkeit in uns erfüllt würde, die wir nicht gemäß dem Fleisch wandeln, sondern gemäß dem Geist« (Röm. 8,4).*

Gnade erhebt das Gebot auf das höchste Niveau, und wir sollten unseren Eltern gehorchen und sie ehren und sie respektieren, um unserem Herrn und Retter wohlzugefallen, der gnädig auf uns herabschaut. Der Apostel sagte dies bereits in Epheser 3,10:

> *»Damit jetzt den Fürstentümern und Gewalten in den himmlischen [Regionen] durch die Gemeinde die mannigfaltige Weisheit Gottes bekannt gemacht werde.«*

Ist es uns bewusst, dass Engel und Fürstentümer und Gewalten, wenn sie auf uns als Christen herabblicken und uns diese Dinge in unserem täglichen Leben verwirklichen sehen, darüber erstaunt sind, dass Er, der Sohn, überhaupt imstande war, solche Menschen aus uns zu machen, und dass wir in einer sündigen Welt wie der unseren nach den Geboten Gottes leben können?

Tut es »in dem Herrn«. Gehorcht eurem Vater und eurer Mutter »in dem Herrn«. Das ist der schönste und beste Anreiz überhaupt. Es bereitet Ihm Freude, wenn wir dies tun; es ist ein Beweis dessen, was Er gesagt hat; wir bestätigen dadurch Seine Lehre. Er sagte, dass Er in die Welt gekommen sei, um Sein Volk zu erlösen, um ihre Sünden abzuwaschen, um ihnen eine neue Natur zu geben, um sie zu neuen Menschen zu machen.

Nun, sagt der Apostel, zeigt dies in der Praxis. Ihr Kinder, zeigt es, indem ihr euren Eltern gehorcht; dadurch werdet ihr euch von allen anderen Kindern unterscheiden; ihr werdet anders sein als jene arroganten, aggressiven, stolzen, angeberischen, verleumderischen Kinder, von denen ihr heutzutage umgeben seid. Zeigt ihnen, dass ihr anders seid; zeigt ihnen, dass der Geist Gottes in euch wohnt; zeigt ihnen, dass ihr Christus angehört. Ihr habt eine wunderbare Gelegenheit dazu, und das wird dem Herrn große Freude und großes Wohlgefallen bereiten.

4. Es entspricht dem Vorbild Christi

Wir wollen aber noch weitergehen: Ihr Kinder, seid auch deshalb euren Eltern gehorsam, weil der Herr Selbst Seinen Eltern gehorsam war, als Er in der Welt war. Dies finde ich in Lukas 2,51:

> *»Und Er ging mit ihnen hinab und kam nach Nazareth und ordnete sich ihnen unter.«*

Diese Worte beziehen sich auf den Herrn Jesus im Alter von zwölf Jahren. Er war mit Joseph und

Maria nach Jerusalem hinaufgegangen. Sie traten ihre Rückreise an, und sie waren schon einen Tag gereist, bevor sie entdeckten, dass Er nicht in ihrer Gesellschaft war. Sie gingen zurück und fanden Ihn im Tempel, wo Er mit den Gesetzeslehrern redete, debattierte und sie mit Seinen Antworten verblüffte und in Staunen versetzte. Seine Eltern waren bestürzt. Doch Er sprach: *»Wusstet ihr nicht, dass Ich in dem sein muss, was Meines Vaters ist?« (Lk. 2,49)*. Er hatte dieses erwachende Bewusstsein schon im Alter von zwölf Jahren. Doch dann lesen wir, dass Er mit ihnen nach Nazareth zurückging: *»Und Er ging mit ihnen hinab und kam nach Nazareth und ordnete sich ihnen unter.«*

Der menschgewordene Sohn Gottes ordnet sich Maria und Joseph unter! Obgleich Er dieses Bewusstsein in sich hatte, dass Er in der Welt war, um immer in dem zu sein, was Seines Vaters war, erniedrigte Er sich Selbst und war Seinen Eltern untertan. Lasst uns Ihn betrachten, lasst uns erkennen, dass Er dies in erster Linie tat, um Seinem Vater im Himmel wohlzugefallen, damit Er Sein Gesetz in jeglicher Hinsicht erfüllte und uns ein Beispiel hinterließ, damit wir Seinen Fußstapfen nachfolgen könnten.

Das sind also die Gründe für dieses Gebot, und es gibt sicher noch mehr zu sagen. In deinem Lebenswandel ist Gehorsam der Beweis, dass du wie Er bist; denn du tust das, was Er Selbst tat, als Er hier in dieser sündigen, bösen Welt war. Möge Gott jedem einzelnen von uns die Bedeutung des Gehorsams gegenüber diesem Gebot deutlich machen!

Wir werden sehen, dass der Apostel so fortfährt, wie er es immer tut. Er lehrt immer sehr ausgewogen, und so hat er auch an die Eltern ein Wort zu richten. Was wir bisher gesagt haben, kann missverstanden werden. Wenn Eltern hierbei stehen bleiben, machen sie sich eines schwerwiegenden Missverständnisses schuldig. Paulus ist noch nicht fertig; es kommt auch noch ein Wort für die Eltern. Doch soweit ist dies ein Wort an die Kinder. Und wenn wir es im Lichte dessen lesen, was er nun zu den Eltern sagt, werden wir vielleicht imstande sein, mit einigen der Probleme fertig zu werden, mit denen bestimmte Kinder, ganz gleich welchen Alters, konfrontiert sind, die Eltern haben, die keine Christen sind, und sich fragen, was sie denn tun sollen. Möge Gott uns allen die Gnade schenken, auf diese Anweisung zu hören!

2

Ungläubige Eltern

Das Thema »Eltern und ihre Kinder« ist ein sehr wichtiges Thema in unserer heutigen Zeit. Es betrifft nicht nur Kinder und Jugendliche, und nicht nur Eltern; dies ist ein Thema, das alle betrifft und für alle gilt. Die Tatsache, dass gewisse Christen sich von diesen Dingen loszulösen scheinen, hat etwas Beklagenswertes an sich.

Manche meinen, dass das Thema der Ehemänner und Ehefrauen mit ihnen gar nichts zu tun habe, weil sie nicht verheiratet seien. Das ist äußerst bedauerlich, denn Christen sollten sich, ob verheiratet oder unverheiratet, ob Eltern oder nicht, für die Prinzipien der Schrift interessieren. Auch wenn du selbst nicht verheiratet bist, hast du vielleicht einen verheirateten Freund, der in seinem Eheleben in Schwierigkeiten steckt; als Christ solltest du in der Lage sein, einer solchen Person zu helfen. Um das zu tun, musst du wissen, wie du helfen kannst, und das kannst du nur herausfinden, wenn du die biblische Lehre verstehst.

Niemand sollte sich daher zurücklehnen und meinen, dass diese Thematik nichts mit ihm zu tun habe. Du magst unverheiratet sein, oder du bist verheiratet und hast keine Kinder, aber du solltest in dieser gefallenen Welt Eltern gegenüber Verständnis und Mitgefühl haben. Es ist deine Pflicht und Aufgabe als Christ, ihnen zu helfen und sie zu unterstützen. Diese speziellen Anweisungen sind nicht nur für bestimmte Menschen, sondern für uns alle gedacht.

Darüber hinaus sollten wir aber alle an der Darlegung göttlicher Wahrheit interessiert sein und gern beobachten wollen, wie Gott in Seiner unendlichen Gnade und Weisheit zu uns kommt, um uns bei unserer Reise durch diese Welt in unseren unterschiedlichen Umständen zu begegnen. Wir hoffen und beten, dass die staatlichen Obrigkeiten die Bedeutung der ganzen Problematik in der heutigen Zeit anerkennen. Eine wichtige Kommission zu Erziehungsfragen hat festgestellt, dass eines der dringlichsten Probleme, mit denen sich unser Land heute konfrontiert sieht, der Zusammenbruch des Zuhauses und des Familienlebens ist. Wir nehmen also hier etwas in Augenschein, wovon die ganze Zukunft unserer Gesellschaft und unseres Landes abhängen könnte. Unter allen Menschen sollten gerade wir Christen diesen Dingen dringend unsere Aufmerksamkeit zuwenden, damit wir anderen ein Beispiel geben und ihnen zeigen können, wie man als Kinder und Eltern leben kann, und wie das Familienleben und das häusliche Leben geführt werden sollten.

CHRISTEN GEHORCHEN AUCH IHREN UNGLÄUBIGEN ELTERN

Bislang haben wir uns diese Beziehung nur vom Standpunkt der Kinder aus angesehen, und die Anweisung, die an sie gerichtet wird, lautet, dass sie ihren Eltern gehorchen sollen. Doch jetzt im vierten Vers stellt der Apostel uns die andere Seite vor Augen:

> *»Und ihr Väter, reizt eure Kinder nicht zum Zorn, sondern zieht sie auf in der Zucht und Ermahnung des Herrn« (Eph. 6,4).*

Es ist nicht so, als ob dieser Zusatz das abschwächen würde, was der Apostel zu den Kindern gesagt hat; er wird vielmehr ausgesprochen, um es abzusichern und um jedes Hindernis aus dem Weg zu räumen, das Kindern dabei im Wege stehen könnte, ihren Eltern Gehorsam zu leisten. Dieser Zusatz ist ein weiteres bemerkenswertes Beispiel für die Ausgewogenheit der Heiligen Schrift. Wie könnte jemand angesichts dieser vollkommenen Ausgewogenheit, dieser beständigen Erwähnung beider Seiten leugnen, dass es sich hier um das inspirierte Wort Gottes handelt, weil es der Gerechtigkeit Gottes widerspräche? Wir haben seinen göttlichen Charakter im Fall von Ehemann und Ehefrau gesehen, und hier finden wir ihn wieder im Fall von Eltern und Kindern.

Der von den Kindern geforderte Gehorsam muss jedem Elterntyp gegenüber geleistet werden. Es gibt Eltern, die sich schuldig machen, indem sie ihre Kinder zum Zorn reizen. Es ist ganz eindeutig die Lehre des Apostels, dass die Kinder sogar solchen Eltern gehorchen müssen. Es ist eine allgemeine Feststellung. Das Gebot muss ohne Ansehen des Charakters der Eltern befolgt werden, und es gilt sogar im Fall nichtchristlicher Eltern.

Diesen Aspekt des Sachverhalts möchte ich besonders aufmerksam untersuchen, weil ich wahrheitsgemäß aus einer langen Erfahrung als Pastor sagen kann, dass dies eines der häufigsten Probleme ist, mit denen ich mich auseinandersetzen musste, wenn Menschen zu mir kamen und mit mir über ihre Schwierigkeiten in ihrem persönlichen Leben sprachen. Erinnern wir uns an das, was unser Herr in Matthäus 10,34 sagte:

> *»Ihr sollt nicht meinen, dass Ich gekommen sei, Frieden auf die Erde zu bringen. Ich bin nicht gekommen, Frieden zu bringen, sondern das Schwert.«*

Er sagte, dass Seine Lehre nicht Streitigkeiten schlichten, sondern vielmehr Trennungen hervorrufen würde, Trennungen zwischen Vater und Sohn, Mutter und Tochter usw. Der Grund dafür ist, dass bei einem Menschen, der Christ wird, eine tiefgründige Veränderung stattfindet, die ihre Auswirkungen unmittelbar in allen Bereichen hat. Und es gibt keinen Bereich, in dem dies akuter empfunden wird als in dem der innigsten und persönlichsten Beziehungen; in dem Augenblick, wo jemand Christ wird, erkennt er nämlich, dass seine Loyalität letztlich Gott und dem Herrn Jesus Christus gehört. Das hat unweigerlich seine Auswirkungen auf jede andere Form der Loyalität. Also sagt unser Herr, dass Er eine Ursache für Trennungen sein werde: *»Und die Feinde des Men-*

schen werden seine eigenen Hausgenossen sein« (Mt. 10,36). »Auf diese Möglichkeiten müsst ihr euch einstellen«, macht Er hiermit deutlich, und das ist tatsächlich in der Praxis oft der Fall.

Das Problem, das sich in akuter Form und sehr häufig stellt, ist das von Kindern, die Christen geworden sind, deren Eltern aber keine Christen sind. Es entstehen sofort Spannungen. Was sollen diese Christen tun? Wie sollen sie sich verhalten? Ich betone einfach, dass der Apostel sagt, dass diese Kinder, diese jungen Leute – wir dürfen uns den Begriff »Kinder« nicht ausschließlich im altersbezogenen Sinn vorstellen – das Gebot befolgen sollen. Damit sagt er: »Ihr Kinder, seid euren Eltern gehorsam, ob sie nun Christen oder Nichtchristen sind – ganz gleich, was sie sein mögen.« Es ist eine allgemeine Aussage und eine allgemeine Anweisung; leider ist dies jedoch ein Punkt, an dem viele junge Christen unbewusst sehr großen Schaden anrichten. Gerade in diesem Punkt versagen sie vielleicht mehr als in allen anderen.

Wie sollen diese Kinder sich ihren nichtchristlichen Eltern gegenüber verhalten?

Das ist das Problem. Unbewusst richten solche Kinder häufig Schaden an, weil sie die biblische Lehre zu diesem Thema nicht verstehen und weil es ihnen an einer Ausgeglichenheit in ihrer ganzen Einstellung fehlt. Vielfach sind sie der Grund, weshalb ihre eigenen Eltern dem christlichen Glauben schließlich feindlich gegenüberstehen. Deshalb ist dies ein äußerst wichtiges Thema.

Es gibt nur eine Einschränkung, die zu dieser allgemeinen Anordnung: *»Kinder, seid gehorsam euren Eltern«* hinzugefügt werden muss. Diese Einschränkung gilt nur dort, wo unsere Beziehung zu Gott in größtem Maße beeinträchtigt wird. Ich wäge meine Worte hier mit besonderer Sorgfalt ab. Wenn eure Eltern euch verbieten wollen, zum Gottesdienst zu gehen und Gott Gehorsam zu leisten, dann gehorcht ihnen in diesem Fall nicht. Wenn sie euch bewusst zur Sünde und zu sündigen Handlungen verleiten oder zwingen wollen, dann müsst ihr euch ebenfalls weigern. Doch das ist die einzige Einschränkung.

Abgesehen davon (und ich möchte dies besonders betonen) müssen wir bis zum Äußersten gehen; und selbst in dieser Sache, wo wir vor der Frage stehen, ob sie zwischen uns und unserer

Beziehung zu Gott steht, müssen wir sie wiederum so weit wie irgend möglich beschwichtigen und ihnen weitgehende Zugeständnisse machen.

In meiner Erfahrung als Pastor fiel mir auf, dass die meisten Menschen gerade hier in Schwierigkeiten geraten. Sie sind als Christen vehement für Dinge eingetreten, die ich als völlig unwichtige Nebensächlichkeiten betrachten würde. Dies ist ganz natürlich. Wir alle neigen von Natur aus zu Extremen; und nachdem wir Christen geworden sind, wissen wir genau, wie wir leben sollten. Unsere große Gefahr an diesem Punkt – an dem zweifellos der Teufel ins Spiel kommt – ist, dass wir an lächerlichen Dingen festhalten, die wirklich völlig unwesentlich sind und die unsere christliche Stellung überhaupt nicht beeinträchtigen. Dazu möchte ich euch ein Beispiel geben.

EINE CHRISTLICHE HOCHZEIT UND UNGLÄUBIGE ELTERN

Wie ich bemerke, kommen häufig Probleme bezüglich der Frage der Hochzeit oder der ganzen Frage der Ehe auf. Zwei junge Christen entscheiden sich zu heiraten, und in beiden Fällen sind ihre Eltern keine Christen. Die beiden sind sehr darauf bedacht, dass ihre Hochzeit ein vortreffliches Beispiel für eine christliche Eheschließung sein sollte, und sie beabsichtigen, ihre christlichen Freunde dazu einzuladen. Natürlich müssen aber auch die Eltern gegenwärtig sein – diese nichtchristlichen Eltern beider Seiten – und auch einige ihrer Freunde und Verwandten, die keine Christen sind. Sehr häufig habe ich entdeckt, dass diese ausgezeichneten jungen Christen die Tendenz haben, auf unbedeutende Details auf der Hochzeit zu bestehen, und dass sie dadurch mehr Schaden anrichten als Gutes tun.

Gerade hier meine ich, dass sie nicht die in der Bibel zu findende Ausgeglichenheit an den Tag legen und sich kein richtiges Urteil bilden. Natürlich muss es einen christlichen Gottesdienst geben, eine Predigt und geistliche Lieder; aber es gibt viele andere nebensächliche Dinge bei den Vorbereitungen, die meines Erachtens völlig unwesentlich sind. Wenn wir wahre Christen sind, dann müssen wir in diesen Punkten Zugeständnisse machen, soweit wir nur können, und alles Mögliche tun, um es den anderen zu erleichtern, in der Hoffnung, dass sie, wenn sie sehen, was eine christliche Ehe wirklich ist, zum christlichen Glauben hingezogen werden. Wenn wir aber hart bleiben und in keinem Punkt und keinen Details Zugeständnisse machen wollen und nur darauf bestehen, dass alles nach der von uns gewünschten Weise geschehen muss – mit anderen Worten: Wenn wir mehr darum besorgt sind, unsere christlichen Freunde zu beeindrucken, als unseren ungläubigen Eltern zu helfen –, dann erfüllen wir nicht diese biblische Anweisung hinsichtlich des Gehorsams unseren Eltern gegenüber. Das meine ich damit, wenn ich sage, dass man nur auf solchen Dingen beharren sollte, die wirklich entscheidend sind, und nicht auf unwichtigen und nebensächlichen Details.

Außerdem ist es wichtig, dass wir, wenn wir entschlossen für etwas eintreten, dies in der rechten Gesinnung tun sollten. Wenn wir auf irgendeinem christlichen Prinzip bestehen, dürfen wir dies nie in einer verächtlichen und ungeduldigen Weise tun. Noch viel weniger dürfen wir dies je in einer arroganten oder scharfen Weise tun. Wir verraten uns häufig selbst durch die Art und Weise, wie wir Dinge sagen. Ich habe bemerkt, dass Menschen, die sich dieses Versagens schuldig machen, ihre falsche Haltung auch dann offenbaren, wenn sie mit mir ihre Hochzeitsvorbereitungen besprechen. Mit einem Grinsen im Gesicht sagen sie zu mir: »Meine Eltern sind keine Christen«, und tun sie somit ab. Sobald ein Mensch so redet, weiß ich, dass er bereits im Unrecht ist. Jedes Eintreten für christliche Prinzipien ist bei einer solchen Person mit ziemlicher Sicherheit nutzlos und richtet wahrscheinlich mehr Schaden an, als dass es Gutes bewirken würde.

RESPEKTVOLL GEGENÜBER ELTERN SEIN

Wenn deine Eltern keine Christen sind, dann solltest du nicht respektlos über sie reden; dann darfst du sie nicht abtun; dann darfst du nicht verächtlich über sie sprechen. Es sollte dir vielmehr das Herz brechen, und deshalb solltest du mit Trauer und Schmerz von ihnen sprechen. Leider finde ich aber diesbezüglich oft eine Gleichgültigkeit und Härte vor, die nicht christlich ist.

Solche »Kinder« sind ihren Eltern nicht gehorsam, sie ehren ihren Vater und ihre Mutter nicht.

Du musst deinen Vater und deine Mutter ehren, ob sie nun Christen sind oder nicht; das ist die Anweisung des Wortes Gottes.

Es ist oft schwierig, aber die Schrift ordnet es so an; und ich wiederhole, dass es hier nur *eine* Grenze gibt, nämlich den Punkt, an dem sie eindeutig und bewusst zu verhindern versuchen, dass wir Gott anbeten und Ihm dienen, oder dass sie uns bewusst dazu verleiten, Sünden zu begehen. Die Gesinnung, in der wir handeln, ist in diesem Bereich von entscheidender Bedeutung; und immer wenn der Zeitpunkt kommt, wo wir Stellung beziehen müssen und ihnen nicht gehorchen dürfen, sollten wir dies in einer solchen Weise tun, dass wir ihnen zu erkennen geben, dass dies uns betrübt und verletzt, dass es uns leidtut und für uns eine ganz schreckliche Entscheidung ist. Dass ein Kind sich gegen seine Eltern stellen muss, ist eines der entscheidendsten und ernstesten Dinge, zu denen wir in unserem Leben je aufgerufen sein können; immer wenn dies im Namen unseres Herrn geschehen muss, sollte es also mit einem zerbrochenen Herzen geschehen. Wir müssen unseren Eltern unbedingt zu erkennen geben, dass es uns verletzt, uns Kummer bereitet und uns so viel kostet, dass wir bereit wären, unsere rechte Hand abhauen zu lassen, um es zu vermeiden; dass wir aber in der Sache keine andere Wahl haben.

Wenn es auf diese Weise geschieht, dann kann es sehr gut von Gott gebraucht werden, um sie zu beeinflussen; wenn es aber arrogant, verächtlich und respektlos geschieht, wird es sicherlich Schaden anrichten. Es wird überhaupt keinen Wert haben, und es wird Menschen von Christus wegtreiben; es wird sie zu der Meinung veranlassen, dass sie sagen: »Seit diese Kinder Christen geworden sind, sind sie rechthaberisch, Alleswisser, hart, respektlos und gesetzlich.« Es wird eine schlimme Barriere zwischen ihnen und der Möglichkeit aufrichten, zur Erkenntnis Gottes und unseres Herrn und Retters zu kommen.

Jede Stellungnahme für die Wahrheit, zu der wir uns genötigt sehen, sollte stets mit einem zerbrochenen Herzen und mit einem gebeugten und gedemütigten Geist erfolgen. Wir sollten zu erkennen geben, dass uns das Herz blutet, wenn wir aufgrund dieses wunderbaren Werkes, das Gott an uns getan hat, gezwungen sind, uns unseren Eltern zu widersetzen. Wir müssen es immer so betrachten.

DAS GEHORSAMSTE KIND DER WELT

Nun möchte ich uns einige Gründe nennen, weshalb wir so handeln sollten, und damit möchte ich jedem unter uns, der sich in einer solchen Lage befinden mag, helfen und ihm einen Rat geben.

Warum ist es so, dass der Christ sich sowohl in negativer als auch in positiver Hinsicht auf die von mir angedeutete Weise verhalten sollte?

> Die Antwort lautet: *Weil ein Kind Gottes das gehorsamste und beste Kind der Welt sein sollte.*

Das ist eine allgemeine Aussage, eine allgemeingültige Aussage. In allem, was der Christ auch tun mag, sollte er immer sein Bestes tun. Das stelle ich als eine allgemeine These auf.

> *Das gläubige Kind sollte ein besseres Kind sein als jedes andere Kind, der gläubige Ehemann ein besserer Ehemann, die gläubige Ehefrau eine bessere Ehefrau, die gläubige Familie die beste Art Familie in der ganzen Welt, der gläubige Geschäftsmann der denkbar*

beste Geschäftsmann, der gläubige Akademiker der beste Akademiker in seinem Bereich.

Das meine ich nicht vom Standpunkt seiner Fähigkeiten aus, sondern in Bezug auf alle anderen Aspekte. Alles, was der Christ tut, sollte er mit all seiner Kraft tun und mit einer Konsequenz und einem Verständnis, zu denen niemand anders fähig ist.

Der Hintergrund zu all diesen detaillierten Anweisungen, die wir hier studieren, ist, dass der Christ ein Mensch ist, der mit dem Geist erfüllt ist: *»Und berauscht euch nicht mit Wein, was Ausschweifung ist, sondern werdet voll Geistes« (Eph. 5,18).* Wenn nun ein Kind »voll Geistes« ist, dann wird dieses Kind per Definition ein vorbildliches Kind, ein insgesamt besseres Kind sein als eines, worauf dies nicht zutrifft.

Wohin führt dies dann alles? Zu der Schlussfolgerung, dass gläubige Kinder die besten Kinder der Welt sein sollten, weil sie ein wirkliches und wahres Verständnis dieser Beziehung haben. Es findet heutzutage ein Zusammenbruch im Familienleben und im häuslichen Leben statt, weil beide Seiten, Eltern und Kinder, die Bedeutung dieser Anweisungen nicht verstehen. Sie wissen nichts über die Beziehung zwischen Eltern und Kindern aus dem biblischen Blickwinkel. Sie können diese Aspekte nicht *»in dem Herrn«* sehen, wie wir sie sehen; doch weil wir »in dem Herrn« sind, haben wir ein neues Verständnis darüber. Wir sehen, dass diese Beziehung zwischen Eltern und ihrem Kind eine Widerspiegelung und ein Bild der Beziehung zwischen Gott und dem Christen als Seinem Kind ist. Also haben wir diese erhabene, hervorragende Auffassung über die Elternschaft und über die Beziehung der Kinder zu ihren Eltern. Weil das gläubige Kind ein Verständnis von diesen Dingen und dieser Beziehung hat, sollte es andere in der Praxis immer übertreffen. Als Christen handeln wir nicht automatisch, sondern bewusst. Der Christ sollte immer wissen, warum er etwas tut. Er hat seine Gründe, er hat diese Erklärungen und Auslegungen der Bibel, und infolgedessen versteht er die Situation.

EINE RICHTIGE GESINNUNG

Dann ist es auch allein der Christ, der den rechten Geist hat – »werdet voll Geistes.« Diese Dinge sind letztlich ein Problem des Geistes. Die moderne Haltung ist:

- Warum sollte ich auf meine Eltern hören?!
- Wer sind sie schon?!
  Rückständige Menschen, zumindest veraltet!
- Was verstehen sie schon?!

Das ist die Gesinnung, die heutzutage so viele Probleme verursacht. Andererseits machen auch die Eltern sich einer ähnlich falschen Gesinnung schuldig. »Die Kinder sind uns ein Ärgernis!«, sagen sie oft. »Wir würden so gern abends ausgehen, wie wir es früher taten, aber wir haben Kinder bekommen und können es jetzt nicht mehr tun.« Diese Gesinnung ist bereits verkehrt, und deshalb gibt es auch so viel Versagen. Diese Probleme sind allesamt Fragen der »Gesinnung«. Man kann über diese Dinge keine Gesetze erlassen; bei solcherart Problemen geht es um die Gesinnung.

Es ist sehr wichtig, dass das gläubige Kind in dieser Beziehung die richtige Gesinnung hat; und am allerwenigsten darf es sich einer egoistischen Gesinnung schuldig machen.

3

Das Denken unserer Zeit

Wie die Schrift uns erinnert, sind wir als Christen zu »Lichtern in der Welt«, als »das Salz« der Gesellschaft und als »eine Stadt auf dem Berg« gesetzt. Abgesehen von dem Licht, das durch die Verkündigung der Heiligen Schrift in die Welt kommt, gibt es für sie keine Hoffnung. Daher ist es doppelt wichtig, dass wir als Christen darauf bedacht sind, die biblische Lehre aufmerksam zu betrachten und zu verstehen. Wir haben die Aufgabe, der ganzen Welt ein Beispiel zu geben, wie man wirklich leben kann. Und wir haben meiner Meinung nach eine einzigartige Gelegenheit, in einer Zeit wie dieser die christliche, biblische und ausgewogene Sichtweise auf das umstrittene Thema der Disziplinierung zu vermitteln.

Dieses dringliche Thema beschränkt sich natürlich nicht nur auf die Erziehung von Kindern. Dasselbe Prinzip gilt auch für die moderne Haltung zum Verbrechen, zum Krieg und zur Bestrafung in jeder Form; es ist ein Bestandteil derselben größeren und allgemeineren Problematik. Hier betrachten wir es jedoch insbesondere in seinen Auswirkungen auf die Disziplinierung der Kinder in der Familie.

Es gibt grundlegende Aussagen, die jedes rechte Nachdenken über diese Frage der Disziplinierung bestimmen sollten. Paulus sagt hier Folgendes:

> *»Und ihr Väter, reizt eure Kinder nicht zum Zorn, sondern zieht sie auf in der Zucht und Ermahnung des Herrn« (Eph. 6,4).*

DIE REVOLUTION IN DER DISZIPLINIERUNG

Wir werden uns dieses Thema zunächst allgemein ansehen. Was uns sofort auffällt, ist die große Veränderung, die im Laufe des 20. Jahrhunderts im Blick auf dieses Thema der Disziplinierung stattgefunden hat. Es hat in der Haltung der Menschen diesem Thema gegenüber eine komplette Revolution stattgefunden.

Früher hatten die Menschen eine ziemlich übertriebene Einstellung bezüglich der Disziplinierung von Kindern gehabt. Wir wollen bereitwillig und offen eingestehen: Sie war repressiv, sie war häufig brutal, ja, man kann sagen, dass sie manchmal sogar unmenschlich war.

Das Verständnis unserer Vorväter bezüglich des Vaterseins und der Disziplinierung von Kindern beinhaltete ein beträchtliches Element von Tyrannei. Die Kinder wurden streng und hart regiert, und man pflegte zu sagen: »Kinder sollten gesehen und nicht gehört werden.« Diese Idee wurde sicherlich auch in die Praxis umgesetzt. Es war Kindern nicht erlaubt, ihre Meinung zu äußern; es war ihnen häufig nicht erlaubt, Fragen zu stellen; man befahl ihnen, was sie zu tun hatten, und wenn sie sich weigerten, wurden sie mit sehr großer Strenge bestraft.

Wir müssen dies hier nicht weiter ausführen; wir alle sind mit der damals allgemein herrschenden Tendenz und der allgemeinen Idee vertraut. So sah die Disziplinierung vor etwa hundertfünfzig Jahren aus, und dies blieb mehr oder weniger noch bis zum ersten Weltkrieg weitgehend unverändert so bestehen. Doch seither hat eine völlige Veränderung stattgefunden, und heute sind wir mit einer Sicht der Disziplinierung konfrontiert, die fast das genaue Gegenteil der damaligen ist; denn heute neigen wir dazu, die biblische Disziplinierung ganz und gar über Bord zu werfen.

Es hat sich ein neues Meinungsklima offenbart, das komplett die Ideen verwirft, die für die frühere Einstellung charakteristisch waren. Tatsächlich können wir es als eine allgemeine Opposition zur gesamten Idee des Rechts, der Wahrheit, der Gerechtigkeit und der Disziplinierung bezeichnen. Diese Begriffe werden allesamt verabscheut und gehasst. In der Regel missbilligt der heutige Mensch sie radikal. Wir sehen dies in unseren Medien, in unserer Gesetzgebung und in den Veränderungen, die zunehmend eingeführt worden sind, veranschaulicht. Diese großartigen Begriffe – Recht, Wahrheit, Gerechtigkeit, Disziplinierung – hört man kaum noch. Die Worte, die heutzutage viel in den Mund genommen werden, sind: Frieden, Glück, Genuss, Freiheit und Toleranz. Viele Christen lehnen sich gegen die großartigen Begriffe auf, die stets die heroischen Epochen in der Geschichte der Menschheit charakterisiert haben. Jedoch ist diese Auflehnung größtenteils eine Reaktion auf die Härten des früheren Zeitalters.

Was die Lage unserer Zeit so ernst macht, ist die Tatsache, dass diese Haltung in der Regel als moralisch und sogar christlich dargestellt wird. Viele behaupten, dass wir heute bessere Erziehungsmethoden hätten als früher. Daher sind sie, wie sie sagen, nicht an Zucht und Ermahnung interessiert. Nichts anderes als Liebe und Toleranz sei von Bedeutung.

Und es ist interessant zu beobachten, dass Menschen, die nicht einmal behaupten, Christen zu sein, etwas Derartiges sagen. Man kann sogar Aussagen in Büchern, Artikeln und Zeitschriften lesen, die nicht zögern, zu behaupten, dass die biblische Sichtweise heutzutage gemeinhin nicht von der Kirche, jedoch von manchen der populären, ungläubigen Autoren vertreten werde, die ganz offen sagen, dass sie keine Christen seien.

Zusammengefasst können wir sagen, dass diese Auffassung auf der Grundidee fußt, dass die menschliche Natur im Kern gut sei. Das ist ihre philosophische Ausgangsbasis. Deshalb müsse man die Persönlichkeit des Kindes herausarbeiten, sie fördern und entwickeln. Dabei dürfe man das Kind nicht korrigieren, weil man es dabei leicht einengen und in seiner Entwicklung behindern könne. Dieses beherrschende Prinzip wird konsequent angewandt, und dann wirkt es sich auf alle Lebensbereiche aus.

Beispiel: Lehrmethoden

Nehmen wir zum Beispiel die Lehrmethoden. Dies ist sicherlich eines der dringlichsten Probleme, mit denen unser Land heute konfrontiert ist. Während der letzten ungefähr sechzig Jahre sind die Lehrmethoden fast völlig von dieser neuen Einstellung, von dieser neuen Psychologie bestimmt worden, welche die menschliche Natur als im Kern gut betrachtet. Man hegt den Gedanken, dass man das Kind nicht drängen dürfe. Eine der ersten, die diese Pädagogik beschrieb, war Frau Dr. Maria Montessori, deren Lehrmethode grob darauf abzielte, dass man Kindern erlauben solle, für sich selbst zu entscheiden und für sich selbst zu wählen, was sie lernen wollten. Vor ihrer Zeit war natürlich eine Methode beim Erlernen des Lesens, Schreibens und Rechnens verpflichtend, und man musste sich ihrer bedienen, ob man nun wollte oder nicht. Kinder mussten Multiplikationstabellen und vieles andere auswendig lernen. Dies geschah auf mechanische Weise, und man unternahm keinen Versuch, es für die Kinder interessant zu machen. Man sagte ihnen einfach, dass sie ihr Alphabet, ihre Tabellen und ihre Grammatik lernen müssten. Sie mussten es mechanisch wiederholen, bis sie es sich eingeprägt hatten und auswendig wiederholen konnten.

Das alles sei, wie man in den letzten Jahren sagt, völlig verkehrt gewesen, weil es die Persönlichkeit des Kindes nicht zur rechten Entfaltung habe kommen lassen. Der Lernstoff müsse interessant gemacht werden, und man müsse ihnen alles vernünftig erklären, was von ihnen gefordert werde. Das Kind müsse nicht in einer mechanischen Weise lernen, sondern müsse verstehen, was es lerne; also soll man ihm Erklärungen abgeben. Die alte Methode ist unter Berufung auf diese neue Sichtweise der menschlichen Natur, aufgrund dieser neuen Lebenshaltung, die christlich zu sein behauptet, verworfen worden. Also hat hinsichtlich der Bildungstheorie und -methode eine tiefgreifende Revolution stattgefunden. In den letzten Jahren sehen wir einige Ergebnisse dieser Lernmethode: Viele Arbeitgeber beschweren sich heute darüber, dass eine große Anzahl derer, die sich um Arbeitsstellen als Büroangestellte bewerben, die Rechtschreibung nicht mehr beherrschen oder einfache Rechenaufgaben nicht mehr lösen können. Ich bin jedoch nicht in erster Linie über die praktischen und wirtschaftlichen

Ergebnisse, sondern über die zugrunde liegenden Prinzipien besorgt.

Was nun die Frage der Disziplinierung angeht, so gehört auch diese weitgehend der Vergangenheit an. Man erzählt uns, man müsse an Kinder appellieren, ihnen lediglich aufzeigen, was falsch ist, ohne Konsequenzen, ihnen ein gutes Beispiel geben und sie dann auch positiv belohnen. Natürlich steckt in alledem auch ein gewisses Maß an Wahrheit; allerdings ist heutzutage der ganze Gedanke von Zucht und Ermahnung weitgehend ausgemerzt. Tatsächlich würden manche diese Einstellung so weit ausdehnen, dass sie behaupten würden, dass man ein Kind niemals zurechtweisen dürfe.

Manche meinen sogar, dass man für das Falsche, das ein Kind tue, den Fehler bei sich selbst suchen solle; möglicherweise werde man dadurch das Kind dazu bringen, seine falsche und böse Praxis aufzugeben. Ich erinnere mich sehr genau daran, wie vor einigen Jahren ein Mann dies in seiner eigenen Familie buchstäblich in die Tat umsetzte. Er hatte ein Kind, das – wie jedes andere Kind – gelegentlich ungehorsam war und etwas Falsches tat; doch als dieser Mann jene neue Theorie angenommen hatte, entschied er sich dazu, das Kind in keiner Weise zurechtzuweisen, sondern sich sogar beim Kind zu entschuldigen. Zum Beispiel nahm der Vater, anstatt das Kind zurechtzuweisen, an jenem Abend, an dem sich das Vergehen zugetragen hatte, kein Abendessen zu sich und entschuldigte sich stattdessen bei seinem Kind. Das Experiment währte, wie ich hinzufügen muss, nicht lange. Im Interesse seiner eigenen Gesundheit musste er diese Methode bald aufgeben!

Beispiel: Krieg

Das ist eine passende Illustration für eine verdrehte Haltung. Die menschliche Natur – so behaupten viele Christen – sei im Kern gut, und man müsse nur an das Höchste und Beste in ihr appellieren. Man brauche nie jemanden zurechtzuweisen; man brauche nie jemanden zu ermahnen. Solche Menschen meinten sogar, dass es keinen Krieg gegeben hätte, wenn man auf diese Weise mit Hitler umgegangen wäre; man hätte Hitler verändern können, wenn man bloß nett und freundlich zu ihm gewesen wäre. Vor dem Zweiten Weltkrieg gab es in London einen sehr berühmten Prediger, der tatsächlich vorschlug, dass er und ein paar andere hingehen und sich zwischen die Armeen Japans und Chinas stellen sollten, die zur damaligen Zeit miteinander kämpften. Das taten sie dann zwar nicht, aber sie waren davon überzeugt, dass der Krieg sofort zu Ende gehen würde, wenn sie hingingen und dort zwischen den rivalisierenden Armeen stünden, um sich selbst zu opfern.

Dies alles gründet sich auf die Auffassung, dass die menschliche Natur im Kern gut sei; man brauche also nur an sie zu appellieren. Man brauche niemanden zu korrigieren oder zurechtzuweisen.

Beispiel: Gefängnis

Wie wirkte sich dies aus? Nehmen wir das Problem der Gefängnisse. Man sagte, ein Gefängnis sei ein Ort, an welchem ein Mensch nur eine psychologische und psychiatrische Behandlung erfahren müsse. Man dürfe den Verbrecher nicht für seine Taten bestrafen, weil er im Grunde ein guter Mensch sei. Man müsse das Gute, das in ihm sei, aufbauen und es in ihm heraufbefördern. Zeige ihm das Böse und Verkehrte von einigen seiner Vorstellungen und dessen, was er gegen die Gesellschaft getan hat, und er wird bald dahin gelangen, seine Irrtümer zu erkennen und zu lassen. Man müsse unbedingt »die andere Seite« aufbauen. Und so werde man mittels psychiatrischer Behandlung den Menschen bessern und seinen Charakter und seine Persönlichkeit aufbauen.

Das ist heutzutage die vorherrschende Idee im Hinblick auf die Behandlung von Verbrechen und deren Bestrafung. Der Fokus liegt auf der Behandlung durch die Psychiatrie, den psychiatrischen Ansatz, den Aufbau von und der Arbeit an diesem positiven Etwas, das in der menschlichen Natur sei!

HAT DER MENSCH EINEN GUTEN KERN?

Natürlich ist auch der Umgang mit Kindern von diesen Vorstellungen geprägt. Heutzutage besteht die Neigung, dass man ein Kind, wenn es sich in der Schule nicht so benimmt, wie es sich eigentlich benehmen sollte, zum Kinderpsychiater schickt; jeder müsse psychiatrisch behandelt werden. Im Kern seien sie alle gut. Die Zurechtweisung und Disziplinierung müssten abgeschafft werden. Vielmehr müsse man unbedingt jenes inhärente, verborgene Gute aus dem Menschen herausholen. Also wird das Kind, wenn es dem Lehrer nicht gelingt, die Disziplin zu wahren, zur Untersuchung und zur Verschreibung der angemessenen Behandlung zum Psychiater oder Kinderpsychologen geschickt.

Was ich deutlich machen will, ist, dass in vielerlei Hinsicht also die gesamte christliche Position und die ganze Zukunft der Gemeinde mit auf dem Spiel steht.

Wir wollen diese Frage noch weiter untersuchen. Welches ist die biblische, die christliche Lehre in Bezug auf dieses Thema? Ich zögere nicht zu behaupten, dass die biblische und christliche Haltung zu diesen beiden Extremen darin besteht, dass sie beide falsch sind; dass der Standpunkt der Vorväter verkehrt war, und dass der heutige Standpunkt sogar noch verkehrter ist. Aber es geht uns jetzt ganz besonders um die heute vorherrschende Argumentation.

Später werde ich etwas zu der früheren Position sagen, da sie mit der Ermahnung *»Und ihr Väter, reizt eure Kinder nicht zum Zorn«* angegangen werden kann; denn genau das haben sie getan, und die heutige Haltung ist weitgehend eine Reaktion darauf. Zunächst aber wollen wir uns die moderne Position ansehen.

DER IRRTUM DER MODERNEN SICHT

Ich habe mehrere Gründe, die für meine These sprechen, dass vom biblischen und christlichen Standpunkt aus diese moderne Auffassung bezüglich der Disziplinierung völlig verkehrt ist.

1. Grund: Sie versucht, Gesetz und Gnade voneinander zu trennen

Der erste Grund ist, dass das Gegenteil von falscher Disziplinierung sicherlich nicht darin besteht, überhaupt keine Disziplinierung zu praktizieren. Doch genau das ist heute der Fall. Unsere früheren Väter mit ihrer scharfen Zucht befanden sich, so sagt man uns, im Unrecht; also brauchen wir überhaupt keine Zucht und Ermahnung mehr. Man erlaubt dem Kind – und auch fast jedem anderen –, so zu handeln, wie es ihm gefällt. Hierin liegt ein fundamentaler Irrtum. Das Gegenstück der falschen Disziplinierung ist nicht das Fehlen von Disziplinierung, sondern die richtige Disziplinierung. Das finden wir auch hier in Epheser 6:

> *»Ihr Kinder, seid gehorsam euren Eltern in dem Herrn; denn das ist recht … Und ihr Väter, reizt eure Kinder nicht zum Zorn« (V. 1.4).*

Weise deine Kinder zurecht, ja, aber lass es keine verkehrte Art und Weise der Zurechtweisung sein:

> *»Reizt eure Kinder nicht zum Zorn, sondern zieht sie auf in der Zucht und Ermahnung des Herrn« (V. 4).*

Das ist nun die richtige Erziehung. Die Tragödie der heutigen Zeit mit ihrem oberflächlichen Denken ist jedoch die Annahme, dass das Gegenstück von falscher Zucht und Ermahnung gar keine Zucht und Ermahnung sei. Das ist schon vom Standpunkt des bloßen Nachdenkens und der

Philosophie aus ein völliger Irrtum, erst recht von anderen Standpunkten aus.

Oder lasst es mich noch anders ausdrücken. Jede Haltung, die sich »allein das Gesetz« oder »allein die Gnade« auf die Fahne schreibt, ist notwendigerweise falsch, weil wir in der Bibel »Gesetz und Gnade« vorfinden. Es kann nicht »Gesetz« oder »Gnade« heißen, sondern »Gesetz und Gnade«. Auch im alttestamentlichen Gesetz gab es die Gnade. Alle Brandopfer und anderen Opfer zeigen dies auf. Gott war es, der sie anordnete. Es möge niemand sagen, dass es im Gesetz Gottes, so wie es Mose und den Kindern Israel gegeben wurde, keine Gnade gegeben hätte. Es basiert letztlich auf der Gnade, es ist Gesetz mit der Gnade darin.

Andererseits dürfen wir nie sagen, dass die Gnade Gesetzlosigkeit bedeute; das wäre Antinomismus, der überall im Neuen Testament verurteilt wird. Es gibt Menschen, die sich Christen nennen und behaupten: »Ach, wir sind ja nicht länger unter dem Gesetz, wir sind unter der Gnade; es ist nicht mehr ausschlaggebend, was wir tun. Lasst uns, weil wir nicht mehr unter dem Gesetz sind, sondern unter der Gnade, sündigen, damit die Gnade überströmend werde! Lasst uns tun, was wir wollen, es macht keinen Unterschied. Gott ist Liebe, wir haben Vergebung empfangen, wir sind in Christus, wir sind wiedergeboren; also lasst uns alles tun, wozu wir Lust haben.«

Diese falschen Schlussfolgerungen werden in den Briefen an die Römer, an die Thessalonicher und auch in den ersten drei Kapiteln der Offenbarung widerlegt. Es ist ein tragischer Irrtum, zu meinen, dass es überhaupt kein Element des Gesetzes mehr gebe, wenn man Gnade habe, sondern dass diese eine Art Freibrief zum Sündigen sei. Das steht im Widerspruch zur biblischen Lehre sowohl über die Gnade als auch über das Gesetz. Es gibt Gnade im Gesetz und Gesetz in der Gnade. Wir sind als Christen *»nicht ohne Gesetz«*, sagt Paulus, *»sondern Christus gesetzmäßig unterworfen« (1.Kor. 9,21)*.

Natürlich brauchen wir Disziplinierung! Tatsächlich sollte der Christ sogar noch disziplinierter sein als der Mensch unter dem Gesetz, weil er dessen Bedeutung klarer sieht und im Geist lebt. Es gibt im Neuen Testament nicht weniger Disziplinierung als im Alten; es gibt in ihm sogar noch mehr, und zwar auf einer tieferen Ebene! Auf keinen Fall darf man, wie der Apostel in seinem Brief an die Galater lehrt, das Gesetz als wertlos abtun, denn das Gesetz *»ist unser Lehrmeister geworden auf Christus hin« (Gal. 3,24)*. Man darf diese Dinge nicht in einen Gegensatz zueinander stellen. Das Gesetz wurde von Gott gegeben, damit die Menschen gleichsam *»unter dem Gesetz verwahrt und verschlossen«* würden auf Christus hin, der kommen und ihnen dieses große Heil bringen sollte (Gal. 3,23).

Ich behaupte daher, dass diese moderne Idee sowohl Gesetz als auch Gnade völlig missversteht. Sie ist ein völliges Durcheinander, eine totale Verwirrung, ja sie ist überhaupt nicht biblisch. Sie ist nichts anderes als menschliche Philosophie, menschliche Psychologie. Sie benutzt zwar christliche Begriffe, entzieht ihnen aber ihre eigentliche Bedeutung.

Deshalb behaupte ich, dass viele Christen sowohl das Gesetz als auch die Gnade vollkommen missverstehen. In ihrer Denkweise besteht ein völliges Durcheinander, eine totale Verwirrung; tatsächlich denken sie überhaupt nicht biblisch. Ihre Behauptungen sind nichts anderes als menschliche Philosophie oder menschliche Psychologie. Sie bedienen sich christlicher Begriffe, berauben diese Begriffe aber ihrer wirklichen Bedeutung.

2. Grund: Sie missversteht die Lehre von Gott

Eines der ernsthaftesten Probleme dieser heutigen sogenannten christlichen Sicht ist, dass sie ein komplettes Missverständnis der biblischen Lehre von Gott offenbart. Dies ist eine todernste Angelegenheit. Viele Christen entnehmen ihr Gottesbild nicht der Bibel; sie entnehmen es ihrem eigenen Verstand und ihrem Herzen. Viele glauben nicht mehr an die göttliche Offenbarung in der Bibel. Deshalb üben sie ständig die sogenannte Bibelkritik.

Der Mensch hat sich einen Gott nach seinem eigenen Bild geschaffen, einen Gott, der das genaue Gegenteil von dem Vaterbild des früheren Zeitalters sein muss. Ich zitiere die Beschreibung eines berühmten Schriftstellers. »Erkennt ihr nicht«, schreibt er, »dass der Gott des Alten Testaments euer Vorvater ist, und dass dieses Gottesbild völlig verkehrt ist?« Damit wird das Alte Testament praktisch aufgegeben. »Der Gott, an den wir glauben«, sagen die Menschen, »ist der Gott und Vater unseres Herrn Jesus Christus.« Aber der Herr Jesus Christus glaubte an den Gott des Alten Testaments. Er sprach:

> *»Ihr sollt nicht meinen, dass Ich gekommen sei, um das Gesetz oder die Propheten aufzulösen. Ich bin nicht gekommen, um aufzulösen, sondern um zu erfüllen« (Mt. 5,17).*

Er glaubte an den Gott, der sich Mose Selbst offenbarte, und an die Zehn Gebote. Unser Herr glaubte und akzeptierte die gesamte Lehre des Alten Testaments.

Die Liberalen haben kein Recht zu behaupten, dass ihre neue Sichtweise von Christus stamme. Sie ist nicht Seine Lehre; sie ist ihre eigene Lehre. Der Gott, der sich uns Selbst durch die Bibel geoffenbart hat, ist ein Gott, der heilig ist. Sowohl das Neue als auch das Alte Testament machen uns deutlich, dass wir Gott in Ehrfurcht dienen müssen, *»denn unser Gott ist ein verzehrendes Feuer« (Hebr. 12,29)*. Das ist ein Zitat aus 5. Mose 4,24. Tatsächlich lehrt das Neue Testament, dass wir im Alten Testament nur einen schwachen Einblick in die

Heiligkeit, die Majestät, die Herrlichkeit und die Größe Gottes bekommen. Dort war es nur eine äußerliche Darstellung. Gott ist unendlich heilig.

> *»Und das ist die Botschaft, die wir von Ihm gehört haben und euch verkündigen, dass Gott Licht ist und in Ihm gar keine Finsternis ist« (1.Joh. 1,5).*

Gott ist gerecht, Gott ist immer rechtschaffen. Ich weiß, Gott ist Liebe, aber Gott beinhaltet auch all diese anderen Eigenschaften, und zwischen ihnen besteht kein Widerspruch. Sie sind alle eins, sie sind alle zugleich und in ewiger Kraft und Fülle in der Gottheit gegenwärtig. Das ist die Offenbarung der Bibel.

Die Auffassung, dass Gott jemand sei, der über dic Sünde bewusst hinwegsehen und so tun könne, als ob Er sie nicht gesehen habe, und sie einfach überdecken und jedem Übeltäter vergeben könne und nie irgendwelchen Zorn über sie verspüre und sie nie bestrafe, ist, wie ich sagen möchte, nicht nur eine Verleugnung des Alten Testaments, sondern auch des Neuen Testaments. Gerade der Herr Jesus Christus sprach viel von dem Ort, *»wo ihr Wurm nicht stirbt und das Feuer nicht* *erlischt« (Mk. 9,44)*. Er ist es, der uns über die Trennung der Schafe von den Böcken informiert; Er ist es, der zu gewissen Menschen sagen wird:

> *»Ich habe euch nie gekannt; weicht von Mir, ihr Gesetzlosen!« (Mt. 7,23);*

> *»Geht hinweg von Mir, ihr Verfluchten, in das ewige Feuer, das dem Teufel und seinen Engeln bereitet ist!« (Mt. 25,41).*

Nichts könnte ungeheuerlicher sein, als dass jene moderne Lehre im Namen des Neuen Testaments und des Herrn Jesus Christus daherkommt. Sie ist eine Verleugnung der biblischen Lehre von Gott, so wie sie in beiden Testamenten geoffenbart ist.

Gott ist ein heiliger Gott, ein gerechter Gott, der es deutlich gemacht hat, dass Er jede Sünde und Übertretung bestrafen wird, und der dies in der Geschichte viele Male getan hat. Er bestrafte Seine eigenen Kinder aus dem Haus Israel für ihre Übertretungen; Er sandte sie in die Gefangenschaft; Er erweckte die Assyrer und die Chaldäer als Seine Instrumente zu ihrer Züchtigung. Der Apostel Paulus lehrt im Römerbrief (Kap. 1,18-32) ausdrücklich, dass Gott Sünde bestraft und dies manchmal dadurch tut, dass Er die Welt ihrer eigenen Bosheit und Gesetzlosigkeit überlässt. Es wird immer deutlicher, dass Er dies in der gegenwärtigen Zeit tut, dass aber von der modernen Psychologie verblendete Menschen es nicht sehen können, weil sie die biblische Wahrheit über Gott nicht verstehen.

- Warum befindet die Welt sich in solchen Schwierigkeiten?
- Warum zittern wir alle vor dem, was als Nächstes geschehen könnte?
- Warum sind wir alle über diese schrecklichen Entwicklungen in der Welt so schockiert?

Die Erklärung dafür ist, dass uns Gott uns selbst überlässt, weil wir uns geweigert haben, uns Ihm und Seinen heiligen und gerechten Geboten unterzuordnen. Unser Abweichen von der biblischen Lehre von Gott – und infolgedessen auch von der ganzen geoffenbarten Wahrheit hinsichtlich der biblischen Disziplinierung und Ordnung – hatte die Strafe zur Folge, für welche die Menschen so blind sind.

3. Grund: Sie leugnet die Folgen des Sündenfalls

Drittens sind sich viele Christen nicht darüber im Klaren, was die Sünde dem Menschen angetan hat. Die heutigen Auffassungen – dass der Mensch im Grunde gut sei und dass alles in Ordnung sein würde, wenn nur das Gute aus ihm heraufgeholt werde; dass man nur an ihn appellieren müsse und ihn nie zurechtweisen dürfe; dass Übeltäter dann von sich aus zerbrochen würden, sodass sie aufhörten, Unrecht zu tun, und begännen, sich richtig zu verhalten – all diese Gedanken sind, wie ich sagen möchte, die Konsequenz der Verwerfung der biblischen Lehre von der Sünde. Die biblische Wahrheit ist, dass die Natur des Menschen böse ist, dass der Mensch infolge des Sündenfalls ganz und gar verdorben ist. Er ist ein Rebell, er ist gesetzlos, er wird von bösen Kräften regiert, und deshalb bleibt er allen Appellen gegenüber, die man an ihn richten mag, unempfindlich.

Unsere heutige Welt bekommt dies durch bittere Erfahrung zu spüren. Die Menschen haben viele Jahre lang Gott und Seine Prinzipien über Bord geworfen. Aber mit welchen Ergebnissen? Zunehmende Probleme – Jugendkriminalität,

Chaos in den Familien, Diebstahl, Gewalt, Mord, Raub und eine Verwirrung in der gesamten Gesellschaft!

Aber man kann auch nichts anderes erwarten. Der Mensch ist eben nicht im Kern gut. Wir lesen, dass beim Menschen schon in den Tagen vor der Sintflut *»alles Trachten der Gedanken seines Herzens allezeit nur böse«* war (1.Mo. 6,5). Der Mensch ist nicht etwa ein gutes Geschöpf, das lediglich ein wenig Förderung benötigen würde; seine Natur ist verwirrt, verdreht und abscheulich. Er ist ein Rebell, er hasst das Licht, er liebt die Finsternis, er ist ein Geschöpf voller Lüste und Leidenschaften. Und die Tatsache, dass man dies nicht anerkennen will, ist für diese katastrophale Auffassung verantwortlich.

4. Grund: Sie missversteht die Lehre von der Erlösung

Viertens liegt bei vielen Christen aber auch ein komplettes Missverständnis bezüglich der Lehre vom Sühnungswerk und von der Erlösung und von der entscheidenden Lehre der Wiedergeburt vor. Ich warte immer noch darauf, einen Pazifisten kennenzulernen, der die Lehre vom Sühnungswerk versteht! Ich warte immer noch darauf, den Menschen kennenzulernen, der die moderne Auffassung von der Bestrafung der Sünder vertritt und zugleich die Lehre vom Sühnungswerk versteht!

Die biblische Lehre vom Sühnungswerk sagt uns, dass am Kreuz auf Golgatha der gerechte und heilige Gott die Sünde in der Person Seines eigenen Sohnes bestrafte, *»um Seine Gerechtigkeit in der jetzigen Zeit zu erweisen, damit Er Selbst gerecht sei und zugleich Den rechtfertige, der aus dem Glauben an Jesus ist« (Röm. 3,26).*

> *»Aber der HERR warf unser aller Schuld auf Ihn« (Jes. 53,6).*

> *»Denn Er hat Den, der von keiner Sünde wusste, für uns zur Sünde gemacht, damit wir in Ihm [zur] Gerechtigkeit Gottes würden« (2.Kor. 5,21).*

> *Durch Seine Wunden seid ihr heil geworden« (1.Pt. 2,24).*

> *»Aber dem HERRN gefiel es, Ihn zu zerschlagen« (Jes. 53,10).*

Das Recht und die Gerechtigkeit Gottes erforderten dies, der Zorn Gottes über die Sünde bestand darauf. Hier sehen wir wahrhaft die Liebe Gottes, die so groß ist, dass der Zorn Gottes sogar auf Seinen eigenen Sohn in all Seiner Unschuld ausgegossen wird, damit du und ich befreit und erlöst würden.

Viele Christen verstehen das Sühnungswerk nicht oder glauben nicht daran. Sie sehen in dem Kreuz nichts als Sentimentalität; sie sehen, wie grausame Soldaten den Sohn Gottes hinrichten, der ihnen dennoch zugetan ist und sagt: »Ich vergebe euch dies immer noch, obwohl ihr Mir solches angetan habt.« (s. Lk. 23,34)

Viele Christen lehren heute die oben genannten Irrtümer; allerdings lehrt die Bibel sie nicht. Sie ist voller Belehrungen über Brandopfer und Schlachtopfer, über die Notwendigkeit des Vergießens von Opferblut; ja, sie lehrt, dass ohne Blutvergießen keine Vergebung der Sünden möglich ist (Hebr. 9,22). Das ist die Lehre der ganzen Heiligen Schrift; aber die Auffassung vieler Christen von heute stellt eine komplette Verleugnung dessen dar. Die Notwendigkeit der Strafe für das Böse wird überall in der Bibel gelehrt; und in ihrem höchsten Maß sieht man sie am Kreuz auf dem Hügel Golgatha dargestellt.

Oder nehmen wir die Lehre von der Wiedergeburt. Wenn der Mensch im Kern gut ist, dann braucht er nicht »wiedergeboren« zu werden. Die Wiedergeburt ist jedoch eine zentrale Lehre der Bibel; unsere einzige Hoffnung ist, dass wir *»der göttlichen Natur teilhaftig«* gemacht werden (2.Pt. 1,4). Also ist jene neue Lehre eine Verleugnung der fundamentalen biblischen Lehren, und doch kommt sie im Namen des Christentums daher und gibt sich als christlich aus. Die biblische Lehre ist, dass der Mensch so lange, bis er »unter die Gnade« kommt, »unter dem Gesetz« verschlossen werden muss, damit die Sünde und das Böse in Grenzen gehalten werden. Und das hat Gott getan!

Wer hat Obrigkeiten eingesetzt? Gott! *»Die Obrigkeit«,* so lesen wir in Römer 13, *»trägt das Schwert nicht umsonst« (V. 3-4).* Wer hat Könige und Regenten eingesetzt? Gott! Wer hat Staaten eingesetzt? Gott! Er tat dies, um die Sünde und das Böse einzuschränken. Hätte Er dies nicht getan, so wäre die Welt schon vor Jahrhunderten im Chaos versunken. Gott hat die Rechtsordnung wegen der sündigen Natur des Menschen eingesetzt, damit der Mensch gebändigt und vor dem Bösen bewahrt bliebe, bis er »unter die Gnade« gelange. Gott ist es, der in den Tagen Moses das Gesetz gab, und Er gab es aus diesem Grund.

Offensichtlich muss ein Gesetz, damit es wirksam sein kann, auch Sanktionen vorsehen. Ein Gesetz hat keinen Wert, wenn man einem Menschen, der bei der Anwendung des Gesetzes gefangen genommen wird, direkt sagt: »Nun, du brauchst nicht beunruhigt zu sein; wir haben dich zwar gefangen genommen, aber es wird keine Strafe geben.« Wäre dann das Gesetz wirksam?

Eine Illustration aus der Gegenwart sollte uns im Blick auf diese Frage zufriedenstellen. Denkt an das Verkehrschaos, das auf den Straßen stattfindet. Was tut man dagegen? Die Obrigkeiten verfassen Erklärungen, führen neue und strengere Verkehrsregeln ein und appellieren an den Verstand der Menschen. Aber haben sie irgendwelche Wirkung? Sehr wenig! Warum? Weil der Mensch ein Rebell ist, weil er von Natur aus gesetzlos ist. Es gibt nur eine Möglichkeit, wie der Staat mit diesem Problem fertig werden kann, nämlich durch die Bestrafung von Übeltätern. Das ist die einzige Sprache, die sie verstehen. Der

Mensch der Sünde hat nie eine andere Sprache verstanden. Gehe sanft und verständnisvoll mit ihm um, und er wird dich nur ausnutzen. Es hat keinen Zweck, schlichte Appelle an Menschen zu richten, die böse sind und von Lüsten und Leidenschaften regiert werden.

Die biblische Lehre ist, dass solche Menschen zurechtgewiesen werden müssen und ihre Strafe auch fühlen sollen. Wenn sie nicht auf das Gesetz hören wollen, dann müssen die Sanktionen des Gesetzes Anwendung finden. Als Gott Sein Gesetz gab, verband Er es mit den Sanktionen, die nach einer Übertretung angewandt werden sollten. Wenn das Gesetz gebrochen worden war, wurden die Sanktionen ausgeführt. Gott gibt nicht ein Gesetz und sagt dann, dass Ungehorsam Seinen Anforderungen gegenüber nichts ausmachen würde. Gott vollstreckt Sein Gesetz. Und wenn man in die nicht allzu weit von uns entfernte Geschichte unseres Landes blickt, dann wird man immer entdecken, dass die diszipliniertesten und die herrlichsten Perioden in seiner Geschichte diejenigen waren, die auf Reformationen und Erweckungen gefolgt sind. Seht euch die Zeit an, die auf die Reformation folgte, wo verschiedene Männer die Bibel wieder zurückbrachten, sie in die Praxis umsetzten und ihren Gesetzen Geltung verschafften.

Das elisabethanische Zeitalter, das Zeitalter von Oliver Cromwell und die Periode, die sich an die große Erweckung des 18. Jahrhunderts anschloss, veranschaulichen allesamt das biblische Prinzip. Die biblische Lehre besagt, dass der Mensch gebändigt und zur Ordnung gerufen werden muss, weil er ein gefallenes Geschöpf ist, weil er ein Sünder und ein Rebell ist, weil er eine Kreatur mit Lüsten und Leidenschaften ist. Dieser Grundsatz gilt sowohl für Kinder als auch für Erwachsene, die sich eines Vergehens oder Verbrechens schuldig gemacht haben und vom Gesetz des Landes und vom Gesetz Gottes abgewichen sind. Mit jeder anderen Methode wird man letztlich zum Chaos zurückkehren, wie wir dies immer mehr erleben. Die biblische Lehre, die sich auf den Charakter und das Wesen Gottes gründet und anerkennt, dass der Mensch sich in einem Zustand der Sünde befindet, erfordert, dass dem Gesetz Geltung verschafft werden muss, damit Menschen zur Einsicht gebracht werden und Gott erkennen, und damit sie als Nächstes zur

Gnade geführt werden. Dies bringt sie schließlich dazu, dass sie sich zu dem höheren Gesetz Gottes bekennen und diesem gehorchen. Unter diesem höheren Gesetz werden sie sich daran erfreuen, Gott wohlzugefallen, Ihn zu ehren und Seine heiligen Gebote zu halten.

Wir müssen deswegen mit diesem Prinzip beginnen, dass die biblische Lehre überall besagt, dass Disziplinierung notwendig ist. Das konfrontiert uns allerdings noch mit einer weiteren Frage:

Wie genau soll dies geschehen,
ganz besonders in der christlichen Familie?

Und gerade an diesem Punkt ist unser Text so wichtig. Ihr müsst eure Kinder in der Zucht und Ermahnung des Herrn erziehen, aber ihr dürft sie nicht zum Zorn reizen. Es gibt genauso eine falsche Methode zur Ausübung von Disziplinierung wie eine richtige, und im weiteren Verlauf dieser Studie wird es uns darum gehen, die richtige, die wahre, die biblische Methode zur Ausübung von Disziplinierung zu entdecken, welche uns durch die Heilige Schrift geboten ist.

Die Auffassung vieler Christen ist eine Verleugnung aller grundlegenden und fundamentalen Lehren des christlichen Glaubens. Es ist keine Überraschung, dass Ungläubige diese Auffassung in Bezug auf Krieg, Erziehung, Gefängnisreform und vieles andere lautstark propagieren. Es ist, so möchte ich sagen, keine Überraschung, dass sie diese propagieren, weil wir von ihnen kein christliches und biblisches Verständnis erwarten können. Aber ein wahrer Christ sollte und muss die Lehre des Wortes verstehen.

4

Biblische Disziplinierung

Wir kommen jetzt zu der Frage der Ausübung von Disziplinierung. Der Apostel beschäftigt sich insbesondere in seinem vierten Vers damit. Die Notwendigkeit der Disziplinierung unterliegt keinem Zweifel, ebenso wenig die Tatsache, dass man ihr Nachdruck verleihen muss. Aber wie soll das geschehen? Gerade hier ist oft eine Menge Verwirrung aufgekommen.

Wir haben bereits gesehen, dass unsere Vorväter sich in diesem Bereich des Irrtums schuldig machten, und dass sie Disziplinierung häufig nicht in der richtigen und biblischen Art und Weise ausübten. Wir sehen auch, dass das, was wir heute haben, eine radikale Reaktion dagegen ist. Das rechtfertigt zwar nicht die gegenwärtige Haltung, aber es hilft uns dabei, sie zu verstehen. Allerdings dürfen wir keineswegs dem Irrtum verfallen, von der gegenwärtigen Position aus wieder jenem anderen Extrem zu verfallen, das genauso verkehrt war. Und hier werden wir, wenn wir nur der Schrift folgen, eine ausgeglichene Sichtweise bekommen. Disziplinierung ist unerlässlich; aber der Apostel ermahnt uns, bezüglich der Weise, wie wir sie ausüben, sehr vorsichtig zu sein, weil es sein kann, dass wir mehr

Schaden anrichten als Gutes tun, wenn wir es nicht in der rechten Weise tun.

Viele Christen sind heutzutage überhaupt nicht mehr an der biblischen Disziplinierung interessiert. Doch wenn wir Christen sind und christliche Familien haben wollen, dann müssen wir verstehen, dass biblische Disziplinierung unerlässlich ist. Deshalb muss uns das, was der Apostel Paulus in diesem vierten Vers sagt, deutlich werden.

Diese Notwendigkeit ergibt sich folgendermaßen: Es besteht die allgegenwärtige Gefahr, falsch zu reagieren. Es ist immer verkehrt, wenn unsere Reaktion von einer gegenteiligen Haltung bestimmt wird als die, welche wir als falsch betrachten. Unsere Auffassung sollte sich nie nur aus einer rein negativen Reaktion ergeben. Dieses Prinzip gilt nicht nur im Hinblick auf dieses spezielle Thema, sondern auch in vielen anderen Lebensbereichen. Viel zu oft lassen wir es zu, dass unsere Haltung durch etwas Verkehrtes beeinflusst und bestimmt wird. Wir dürfen nie bloße Reaktionäre sein. Und in dieser speziellen Frage der Familiendisziplinierung besteht eine sehr reale Gefahr, dass gute Christen, die deutlich eingesehen haben, dass die moderne Haltung absolut verkehrt ist, und die entschlossen sind, sie nicht zu akzeptieren, dem anderen Extrem verfallen und zur alten Einstellung zurückkehren. Deshalb benötigen sie die Ermahnung, welche wir in diesen Versen unseres Briefes finden.

WEDER UNKONTROLLIERT …

Der Apostel teilt seine Belehrungen in zwei Abschnitte ein, den negativen und den positiven. Dieses Problem, so sagt er, ist nicht auf die Kinder beschränkt; die Väter, die Eltern, müssen ebenfalls vorsichtig sein. In negativer Hinsicht gebietet er ihnen: *»Reizt eure Kinder nicht zum Zorn.«* Positiv sagt er: *»Sondern zieht sie auf in der Zucht und Ermahnung des Herrn« (Eph. 6,4).*

Solange wir an beide Aspekte denken, wird alles in Ordnung sein.

Wir beginnen mit dem negativen Aspekt: *»Reizt eure Kinder nicht zum Zorn.«* Diese Worte können auch folgendermaßen übersetzt werden: »Erzürnt eure Kinder nicht, reizt eure Kinder nicht, provoziert eure Kinder nicht, sodass sie verbittert werden.« Das ist immer eine sehr reale Gefahr, wenn wir unsere Kinder zurechtweisen. Und wenn wir uns an ihnen schuldig machen, wird es ihnen mehr schaden als nützen. Wir werden dann beim Zurechtweisen unserer Kinder keinen Erfolg haben; wir werden einfach eine solch heftige Reaktion in ihnen ausgelöst haben, so viel Zorn und Groll, dass die Lage fast schlimmer sein wird, als wenn wir sie überhaupt nicht zurechtgewiesen hätten. Doch wie wir gesehen haben, sind beide Extreme völlig falsch. Mit anderen Worten: Wir müssen auf eine solche Weise Zucht und Ermahnung ausüben, dass wir unsere Kinder nicht erzürnen oder sie zu einem sündigen Groll provozieren. Gott verlangt von uns, dass wir das rechte Gleichgewicht halten.

Wie soll dies geschehen? Wie sollen Eltern eine solche Zucht ausüben? Und nicht nur Eltern, sondern jeder, der eine Position der Verantwortlichkeit und Kontrolle über solche ausübt, die jünger sind als er selbst. Einmal mehr müssen wir zu Epheser 5,18 zurückkehren:

> *»Und berauscht euch nicht mit Wein, was Ausschweifung ist, sondern werdet voll Geistes.«*

Das ist immer der Schlüssel. In diesem Vers können wir sehen, dass das im Geist geführte Leben, das Leben eines Menschen, der mit dem Geist erfüllt ist, immer hauptsächlich durch zwei Dinge charakterisiert ist – Kraft und Selbstbeherrschung. Es ist eine disziplinierte Kraft. Erinnerst du dich, wie Paulus es in seinem Brief an Timotheus ausdrückt:

> *»Denn Gott hat uns nicht einen Geist der Furchtsamkeit gegeben, sondern der Kraft, der Liebe und der Zucht« (2. Tim. 1,7).*

Keine unkontrollierte Kraft, sondern eine Kraft, die durch Liebe, Besonnenheit und Zucht kontrolliert wird! Das ist stets ein Wesensmerkmal des Lebens eines Menschen, der »voll Geistes« ist.

Mit anderen Worten: Der Christ ist ganz anders als der Mensch, der unter dem Einfluss von Wein steht, der Mensch, der sich mit Wein berauscht hat. Im Fall eines solchen Menschen sind damit immer Ausschweifungen verbunden, und er reagiert sehr heftig. Man kann leicht einen Betrunkenen erzürnen und ihn zu einer heftigen Reaktion veranlassen. Es mangelt ihm an Ausgeglichenheit, er hat kein Urteilsvermögen, er ist wegen einer Belanglosigkeit schwer beleidigt, und andererseits freut er sich viel zu sehr über etwas, was an sich bedeutungslos ist. Der Christ hingegen soll den Worten des Apostels zufolge das genaue Gegenteil dieses Verhaltens offenbaren.

Wie soll ich denn diese Zucht ausüben? *»Reizt eure Kinder nicht zum Zorn.«* Dies sollte das erste Prinzip sein, das unser Handeln bestimmt. Wir sind unfähig, unsere Kinder in rechter Weise zu disziplinieren, wenn wir nicht zuvor fähig sind, Selbstbeherrschung zu üben und unsere eigenen Launen im Zaum zu halten. Das Problem bei einem Betrunkenen, der sich mit Wein berauscht hat, ist, dass er sich selbst nicht mehr beherrschen kann; er wird von seinen Trieben und Leidenschaften und den Lüsten seiner Natur beherrscht. Alkohol setzt die höheren Zentren des Gehirns außer Kraft, einschließlich den Sinn für Selbstbeherrschung. Er ist eines jener Rauschmittel, das die feineren, unterscheidenden Fähigkeiten des Gehirns ausschaltet, mit der Folge, dass die sündigen Neigungen zur Geltung kommen. Das widerfährt dem Menschen, der trunken von Wein ist; daher auch seine Ausschweifung und seine mangelnde Selbstbeherrschung. Christen aber sollen mit dem Geist erfüllt werden, und Menschen, die mit dem Geist erfüllt sind, sind immer von Selbstbeherrschung geprägt.

Wenn du ein Kind disziplinierst, dann sollst du dich zuerst selbst beherrschen. Wenn du versuchst, dein Kind zu disziplinieren, während du schlecht gelaunt bist, dann ist es sicher, dass du mehr Schaden als Gutes anrichten wirst. Welches Recht hast du, zu deinem Kind zu sagen, dass es Disziplinierung benötige, wenn du diese offensichtlich selbst benötigst? Selbstbeherrschung, die Kontrolle des Temperaments, ist eine notwendige Voraussetzung zur Zurechtweisung anderer. Aber das ist doch das Problem, nicht wahr? Wir sehen es auf den Straßen, überall. Wir sehen Eltern, die ihr Kind wutentbrannt anschreien und dabei vor unkontrollierten Zorneswallungen zittern. Sie haben keine Selbstbeherrschung, und die Folge ist, dass das Kind erzürnt ist.

Also ist es das allererste Prinzip, dass wir bei uns selbst beginnen müssen. Wir müssen sicherstellen, wenn wir unsere Kinder biblisch erziehen wollen, dass wir über unsere volle Selbstkontrolle verfügen müssen, dass wir gelassen sind. Was auch immer geschehen sein mag, welcher Art die Provokation auch gewesen sein mag, wir dürfen nicht mit ähnlicher Heftigkeit reagieren wie der Betrunkene; es muss diese persönliche Selbstdisziplin vorhanden sein, diese Selbstbeherrschung, die einen Menschen befähigt, die Lage objektiv zu betrachten und mit ihr in einer ausgeglichenen und kontrollierten Weise fertig zu werden. Wie wichtig ist dies doch! Wir alle müssen diese wichtige Lektion lernen.

Die heutigen Erziehungsmethoden scheitern, weil viele Eltern sich wie Kinder oder noch schlechter benehmen; sie können sich nicht beherrschen, sie reagieren heftig. Ihr »betrunkener« Zustand, diese heftigen Reaktionen, sind eine Ursache für Krieg. Solcherart Reaktionen sind die Hauptursache für alles Scheitern im Leben – in der Ehe, in der Familie und in jedem anderen Bereich. Doch nirgendwo ist diese Lektion wichtiger als im Bereich der Erziehung unserer Kinder *»in der Zucht und Ermahnung des Herrn«* *(Eph. 6,4)*.

… NOCH LAUNENHAFT

Das zweite Prinzip ergibt sich in gewissem Sinn aus dem ersten. Wenn ein Vater das Kind in der richtigen Weise erziehen will, dann darf er nie launenhaft sein. Für ein Kind gibt es kaum etwas Schlimmeres als ein Elternteil, dessen Stimmungen und Handlungen man nicht voraussagen kann, der darin sprunghaft ist, dessen Zustand immer ungewiss ist.

Es gibt keinen schlimmeren Elterntyp als den, der an dem einen Tag in einer freundlichen Stimmung und nachgiebig ist und dem Kind fast alles zu tun erlaubt, was es möchte, der aber am nächsten Tag wutentbrannt ist, obwohl das Kind kaum etwas getan hat. Das macht ein ausgeglichenes Leben für das Kind auf Dauer unmöglich. Die Launenhaftigkeit in jenem Elternteil weist wiederum Ähnlichkeit mit diesem vom Wein berauschten Zustand auf. Die Reaktionen eines betrunkenen Mannes sind unberechenbar; man kann nicht voraussagen, ob er gute oder schlechte Laune haben wird, denn er lässt sich nicht vom Verstand leiten; es gibt bei ihm keine Kontrolle und keine Ausgeglichenheit. Solch ein Elternteil übt keine biblische Erziehung aus, und die Lage des Kindes gestaltet sich immer mehr als unmöglich. Es wird zum Zorn provoziert und gereizt und hat keinen Respekt vor solch einem Vater.

Ich beziehe mich hier nicht nur auf launenhafte Reaktionen, sondern auch auf das Verhalten. Der Elternteil, der in seinem Verhalten nicht konsequent ist, übt im Falle des Kindes keine biblische Erziehung aus. Ein Elternteil, der heute das eine und morgen das genaue Gegenteil tut, ist zur gesunden Erziehung nicht fähig. Es muss eine Konsequenz – nicht nur in der Reaktion, sondern auch im Betragen und Verhalten des Elternteils – zu sehen sein; das Leben des Elternteils muss einem Muster folgen, denn das Kind beobachtet und betrachtet es fortwährend. Wenn es aber beobachtet, dass der Elternteil unberechenbar ist und selbst genau das tut, was er dem Kind verbietet, dann kann man wiederum nicht vom Kind erwarten, aus der Ermahnung irgendwelchen Nutzen zu ziehen. Die Eltern dürfen nichts Unberechenbares, Launisches, Unbeständiges oder Wechselhaftes an sich haben, wenn sie ihre Kinder ermahnen.

… NOCH IGNORANT

Ein weiteres, äußerst wichtiges Prinzip ist, dass die Eltern niemals unvernünftig oder unwillig sein dürfen, auf die Argumente des Kindes zu hören. Nichts erzürnt das Kind so sehr, wie das Gefühl, dass die ganze Disziplinierung völlig unvernünftig ist. Mit anderen Worten: Eltern, die beim Verhalten des Kindes nicht die Umstände in Betracht ziehen oder auf eine mögliche Erklärung hören wollen, sind sehr schlechte Eltern.

Manche Väter und Mütter werden in ihrer Kindererziehung schnell sehr unvernünftig, und sie selbst können dabei schwere Schuld auf sich laden. Die Beschuldigung, die sie bezüglich des Kindes empfangen haben, könnte ja falsch sein, oder es könnten besondere Umstände eingetreten sein, von denen sie nichts wissen; aber sie erlauben dem Kind nicht einmal, seinen Standpunkt darzulegen oder irgendeine Erklärung abzugeben. Natürlich bin ich mir bewusst, dass das Kind dies leicht ausnutzen könnte. Ich sage lediglich, dass wir nie unvernünftig sein dürfen. Lass das Kind seine Erklärung abgeben, und wenn es sich dabei nicht um einen zutreffenden Grund handelt, dann kannst du es sowohl für die Lüge als auch für die eigentliche Handlung, welche das Vergehen darstellt, zurechtweisen. Doch die Weigerung, dem Kind zuzuhören und somit jede Form einer Antwort zu verbieten, ist unentschuldbar.

Uns allen ist dieses Prinzip deutlich, wenn wir sehen, wie der Staat sich manchmal verkehrt verhält. Wir sagen, dass es ein schwerwiegendes Unrecht sei, einen Menschen im Gefängnis festzuhalten, ohne ihm einen fairen Prozess zu gewähren. Wir können uns sehr darüber aufregen; doch wir machen sehr häufig in unseren Familien genau dasselbe. Es wird dem Kind überhaupt keine Gelegenheit eingeräumt, seinen Fall darzulegen; die Vernunft wird in der entstandenen Situation zunächst nicht herangezogen; wir lehnen es ab, auch nur an die Möglichkeit zu denken, dass es irgendeine Erklärung geben könnte, von der wir bislang nichts gehört hatten. Solch ein Verhalten ist immer verkehrt; dadurch reizen wir unsere Kinder zum Zorn. Damit verärgern wir sie und treiben sie in einen Zustand der Rebellion und der Feindseligkeit.

… NOCH EGOISTISCH

Es ist aber noch ein weiteres Prinzip zu berücksichtigen: Der Elternteil darf nie egoistisch sein. *»Ihr Eltern, reizt eure Kinder nicht zum Zorn.«* Dies geschieht manchmal, weil Eltern sich schlicht des Egoismus schuldig machen. Mein Vorwurf gilt für Personen, die nicht anerkennen wollen, dass das Kind sein eigenes Leben und seine eigene Persönlichkeit hat, und die zu denken scheinen, dass Kinder einzig zum Vergnügen und Nutzen der Eltern da seien.

Sie haben eine im Kern falsche Vorstellung von der Elternschaft und deren Inhalt. Sie sind sich dessen nicht bewusst, dass wir bloß Wächter und Hirten über das Leben der Kinder sind, die uns geschenkt wurden; dass wir sie nicht besitzen, dass sie also nicht uns »gehören«, dass sie keine »Güter« oder bewegliche Habe sind, dass wir kein absolutes Verfügungsrecht über sie haben. Es gibt jedoch viele Eltern, die sich so verhalten, als hätten sie ein solches Eigentumsrecht, und die Persönlichkeit des Kindes findet bei ihnen keine Anerkennung. Nichts ist erbärmlicher oder verwerflicher als ein tyrannischer Elternteil, der seine Persönlichkeit dem Kind aufzwingt und die

Persönlichkeit des Kindes konstant unterdrückt; der Elterntyp, der von dem Kind alles fordert und alles erwartet. Das wird allgemein als Besitzgier bezeichnet. Dies ist eine äußerst grausame Haltung, und leider kann sie sich bis ins Erwachsenenleben fortsetzen.

Einige der größten Tragödien, denen ich in meiner Erfahrung als Pastor begegnet bin, waren gerade darauf zurückzuführen. Ich kenne viele Menschen, deren Leben durch egoistische, besitzergreifende, dominante Eltern ruiniert worden ist. Ich kenne viele Männer und Frauen, die aus diesem Grunde nie geheiratet haben. Sie bekamen das Gefühl vermittelt, dass sie nahezu Verbrecher seien, wenn sie auch nur daran dachten, ihren Vater und ihre Mutter zu verlassen; ihr ganzes Leben musste für die Eltern gelebt werden. Denn wozu waren sie schon auf die Welt gekommen, wenn nicht dafür? Man erlaubte ihnen nicht, ein unabhängiges, eigenes Dasein zu führen oder ihre eigene Persönlichkeit zu entwickeln; ein dominanter Vater oder eine dominante Mutter hatte das Leben, die Individualität und die Persönlichkeit des Sohnes oder der Tochter zerstört. Das ist keine Zucht und Ermahnung des Herrn; es ist

Tyrannei der schlimmsten Art und steht im deutlichen Widerspruch zur Lehre der Bibel. Während sie die Persönlichkeit des Kindes zerstört, weckt sie in ihm Groll. Wie könnte es auch anders sein?!

Lasst uns sichergehen, dass wir davon völlig frei sind. *»Und berauscht euch nicht mit Wein, was Ausschweifung ist, sondern werdet voll Geistes.«* Der Trinker denkt an niemand anderes als an sich selbst; seine einzige Sorge ist seine eigene Befriedigung. Wenn er an andere dächte, würde er sich nie betrinken, weil er weiß, dass er damit Leid über sie bringt. Trunkenheit ist eine Erscheinungsform des Egoismus; sie ist pure egoistische Genusssucht. Wir dürfen uns in keinerlei Hinsicht dieser Gesinnung schuldig machen, ganz besonders nicht in dieser äußerst heiklen Eltern-Kinder-Beziehung.

… NOCH MECHANISCH UND UNPERSÖNLICH

Des Weiteren müssen wir festhalten, dass Disziplinierung nie in einer mechanischen Weise vollzogen werden darf. Es gibt Menschen, die an die

Disziplinierung um ihrer selbst willen glauben. Das ist keine biblische Lehre, sondern die Philosophie des Oberfeldwebels. Für sie kann man keine Argumente anführen, sie ist einfach unvernünftig! Das ist das Schreckliche an einer solchen Disziplinierung. In der Armee und bei anderen bewaffneten Streitkräften ist sie unvernünftig; sie wird nach Nummern ausgeübt, die Persönlichkeit wird überhaupt nicht berücksichtigt. Sie mag dort notwendig sein; doch wenn es um den familiären Bereich geht, dann ist dies völlig fehl am Platz.

Damit Disziplinierung in der richtigen Weise ausgeübt werden kann, muss immer ein Grund für sie vorliegen; sie darf nicht in einer mechanischen Weise angewandt werden. Sie muss immer vernünftig sein; es muss immer ein Grund für sie bestehen, und dieser Grund sollte immer klar und deutlich vorliegen. Man darf sie sich nie so vorstellen, dass man einen Knopf drückt und erwartet, dass unweigerlich ein bestimmtes Ergebnis auftreten müsse. Das ist keine wahre Ermahnung; das ist auch nicht menschlich. Das gehört dem Bereich der Mechanik an. Wahre Ermahnung dagegen basiert immer auf Verständnis; sie hat etwas für sich selbst zu sagen; sie vermag eine Erklärung zu geben.

Wie du siehst, erachten wir es die ganze Zeit für nötig, ein Gleichgewicht zu finden. Bei unserer Kritik der modernen Auffassung, die überhaupt keine biblische Zucht und Ermahnung anerkennt, merkten wir an, dass sie von der Annahme ausgeht, man brauche nur zu erklären und zu appellieren, und dann werde sich alles zum Guten wenden. Wir sahen deutlich, dass dies weder in der Theorie noch in der Praxis funktioniert; es ist allerdings genauso verkehrt, ins andere Extrem zu verfallen und zu sagen: »Dies muss geschehen, weil ich es so sage. Du darfst es nicht hinterfragen, und du wirst auch keine Erklärung dafür bekommen.« Eine biblische, ausgeglichene Erziehung ist niemals mechanisch; sie ist immer lebendig, sie ist immer persönlich, sie ist immer verständnisvoll, und vor allem ist sie immer hochvernünftig.

… NOCH ZU STRENG

Das führt uns unweigerlich weiter zum sechsten Prinzip. Disziplinierung darf niemals zu streng sein. Hier besteht vielleicht die Gefahr, mit der viele gute Eltern in der gegenwärtigen Zeit konfrontiert sind, wenn sie die extreme Gesetzlosigkeit um sich her sehen und diese zu Recht beklagen und verurteilen. Bei ihnen besteht die Gefahr, dass sie sich so tief von ihrer Abscheu beeinflussen lassen, dass sie direkt in dieses andere Extrem überschlagen und viel zu streng werden.

Die biblische Ermahnung darf nicht mechanisch sein; man darf nicht einfach Vorwürfe machen oder gar das Kind anschreien. Das ruft unweigerlich seinen »Zorn« hervor, von dem der Apostel spricht. Das Kind ist erzürnt; denn es empfindet, dass dies unvernünftig sei. Obwohl es vielleicht bereit ist, ein gewisses Maß von Schuld einzugestehen, ist es ziemlich sicher, dass die Übertretung nicht ganz so schlimm wie die Zurechtweisung gewesen sei.

Das heißt: Wir dürfen nie einen anderen Menschen erniedrigen. Wenn wir uns beim Zurechtweisen je der Erniedrigung des Kindes schuldig machen, dann ist es deutlich, dass wir selbst ermahnt werden müssen. Erniedrige dein Kind nie! Bestrafe es angemessen, wenn irgendeine Strafe erforderlich ist, aber lass dies eine vernünftige Strafe sein, die auf Verständnis gegründet ist.

Und tu dies nie in einer solchen Weise, dass das Kind empfindet, dass man auf ihm herumtrampeln würde und es in deiner Gegenwart und, was noch schlimmer ist, in der Gegenwart anderer, zutiefst erniedrigt würde.

Dies zu beachten kann sich, wie ich genau weiß, als sehr schwierig erweisen; doch wenn wir *»voll Geistes«* sind, werden wir in diesen Dingen ein gesundes Urteilsvermögen haben. Wir werden lernen, dass unsere Ausübung von Zucht und Ermahnung niemals ein bloßes Mittel sein darf, mit dem wir unseren eigenen Gefühlen Erleichterung verschaffen. Das ist immer verkehrt; wir dürfen, wie ich bereits betont habe, die Persönlichkeit und das Leben des Menschen, mit dem wir es zu tun haben, nicht mit Füßen treten. Der Geist ermahnt uns, an diesem Punkt äußerst vorsichtig zu sein. In dem Augenblick, wo Persönlichkeiten außen vor gelassen werden und sich diese strenge, harte und scharfe Art der Disziplinierung untermischt, machen wir uns gerade der Dinge schuldig, vor denen Paulus uns warnt. Wir erzürnen unsere Kinder tatsächlich, reizen sie zum Zorn und machen aus ihnen Rebellen. Wir verlieren ihren Respekt, wir geben ihnen das

Gefühl, dass sie schlecht behandelt werden; ein Gefühl der Ungerechtigkeit macht sich in ihnen breit, und sie bekommen den Eindruck, dass wir grausam seien. Das ist weder für die eine noch für die andere Partei von Nutzen, und so dürfen wir nie versuchen, auf diese Weise Zucht und Ermahnung auszuüben.

… NOCH OHNE RÜCKSICHT AUF DIE ENTWICKLUNG

Also kommen wir zu dem, was in vielerlei Hinsicht der Letzte unserer negativen Punkte ist. Als Eltern müssen wir immer Wachstum und Entwicklung des Kindes anerkennen. Dies ist ein weiterer erschreckender elterlicher Mangel, dem man, Gott sei Dank, heute nicht mehr so oft begegnet wie früher. Allerdings gibt es immer noch Eltern, die ihre Kinder ihr ganzes Leben lang weiter so betrachten, als ob sie nie aus ihrer Kindheit herausgewachsen wären. Die Kinder mögen 25 Jahre alt sein, aber sie behandeln sie immer noch so, als ob sie fünf wären. Sie erkennen nicht an, dass diese Person, dieses Individuum, dieses

Kind, das Gott ihnen in Seiner Gnade geschenkt hatte, wächst, sich entwickelt und heranreift. Sie erkennen nicht an, dass die Persönlichkeit des Kindes aufblüht, dass es an Erkenntnis zunimmt, dass seine Erfahrung erweitert wird und dass das Kind sich genauso entwickelt, wie sie es selbst taten. Dies ist in der Phase der Jugendzeit von besonderer Bedeutung; daher ist eines der größten sozialen Probleme von heute der Umgang mit den Heranwachsenden. Sie ist das große Problem sowohl der Sonntagsschulen als auch der Schulen. Sonntagsschullehrer bezeugen, dass sie mit den Kindern nur wenig Schwierigkeiten hatten, bis sie das Pubertätsalter erreicht hatten; dass dann aber die Tendenz auftrat, diese Kinder zu verlieren. Eltern erleben das Gleiche. Diese Phase der Pubertät ist bekanntlich das schwierigste Lebensalter, das wir alle durchleben mussten, und deshalb erfordert es besondere Gnade, besonderes Verständnis und eine äußerst vorsichtige Behandlung.

Als Eltern dürfen wir uns niemals insofern schuldig machen, dass wir diesen Faktor nicht erkennen, und wir müssen uns ihm anpassen. Weil du imstande bist, dein Kind bis zum Alter von etwa neun oder zehn Jahren zu leiten, darfst du nicht sagen: »Ich werde dies so fortsetzen, was auch immer kommen mag. Sein Wille muss durch den meinen gebrochen werden. Ich kümmere mich nicht darum, was es empfinden mag oder versteht, denn Kinder wissen nur sehr wenig; also werde ich ihm auch weiterhin meinen Willen aufzwingen.« Wenn du so denkst und handelst, wirst du ganz sicher dein Kind zum Zorn reizen und ihm dadurch großen Schaden zufügen. Du wirst dem Kind psychischen Schaden zufügen; du kannst ihm sogar körperlichen Schaden zufügen. Du wirst in ihm den Keim zu verschiedenen Formen psychosomatischer Krankheiten säen, die heutzutage so häufig vorliegen. Dieses Verhalten seitens der Eltern führt immer wieder zu solchen Folgen. Wir dürfen uns nie dessen schuldig machen.

ZWINGE IHNEN DEN GLAUBEN NICHT AUF, SONDERN GEWINNE SIE

»Wie vermeide ich all diese Übel?«, fragst du dich. Eine gute Regel ist, dass wir nie unsere Auffassungen unseren Kindern aufzwingen sollten. Bis zu einem gewissen Alter ist es richtig und gut, ihnen gewisse Dinge beizubringen und darauf zu bestehen, und das ist auch gar kein Problem, solange es in der rechten Weise erfolgt. Die Kinder sollten es sogar genießen. Doch bald kommen sie dann in ein Alter, in dem sie beginnen werden, andere Auffassungen und Ideen von ihren Freunden, wahrscheinlich in der Schule zu hören. Jetzt beginnt sich eine Krise zu entwickeln. Die Eltern verspüren völlig zu Recht den Instinkt, das Kind zu schützen; doch dies kann in einer solchen Weise geschehen, dass sie wiederum mehr Schaden als Nutzen bringen. Wenn du dem Kind den Eindruck vermittelst, dass es diese Dinge einfach nur deshalb glauben müsse, weil du daran glaubst und weil auch deine Eltern schon daran geglaubt hätten, dann wirst du unweigerlich eine Gegenreaktion hervorrufen. Diese Handlungsweise ist unbiblisch. Und sie ist nicht nur unbiblisch, sondern sie verrät ein furchtbares Defizit im Verständnis der biblischen Lehre von der Wiedergeburt.

An dieser Stelle ergibt sich ein wichtiges Prinzip, das nicht nur für diesen Bereich, sondern auch für viele andere Bereiche gilt. Ich muss ständig Menschen, die Christen geworden sind und deren Angehörige keine Christen sind, deutlich sagen, dass sie vorsichtig sein sollen. Sie selbst sind zu einem Verständnis der biblischen Wahrheit durchgedrungen, und sie können nicht verstehen, warum das andere Familienmitglied – der Ehemann, die Ehefrau, der Vater, die Mutter oder das Kind – dies nicht tut. Sie haben dann leicht die Neigung, ungeduldig mit ihnen zu werden und sie zum christlichen Glauben zu zwingen, ihnen ihren Glauben aufzuzwingen. Dies darf unter keinen Umständen geschehen. Wenn die fragliche Person nicht wiedergeboren ist, kann er oder sie keinen Glauben hervorbringen. Wir müssen geistlich »auferweckt werden«, bevor wir glauben können. Wenn jemand tot ist *»durch Übertretungen und Sünden« (Eph. 2,1)*, kann er nicht glauben; folglich kann man anderen den Glauben nicht aufzwingen. Sie erkennen ihn nicht, sie verstehen ihn nicht.

> *»Der natürliche Mensch aber nimmt nicht an, was vom Geist Gottes ist; denn es ist ihm eine Torheit, und er kann es nicht erkennen, weil es geistlich beurteilt werden muss« (1.Kor. 2,14).*

Viele Eltern sind gerade an diesem Punkt dem Irrtum verfallen. Sie haben versucht, ihre Kinder in der pubertären Phase zum christlichen Glauben zu zwingen; sie haben versucht, ihnen ihre Auffassungen aufzuzwingen; sie haben sie genötigt, Dinge zu sagen, die sie nicht wirklich glaubten. Diese Methode ist immer verkehrt.

Nun, was können wir dann tun? Unsere Aufgabe ist es, zu versuchen, unsere Kinder zu gewinnen; zu versuchen, ihnen die Vortrefflichkeit und die Vernünftigkeit dessen zu zeigen, was wir in Christus sein dürfen und was wir glauben. Wir müssen sehr geduldig mit ihnen sein und ihre Schwierigkeiten ertragen. Unsere Kinder haben ihre Schwierigkeiten, obwohl diese für dich gering erscheinen. Aber für sie sind diese sehr real. Die ganze Kunst bei der Erziehung besteht darin, während dieser Zeit ihre Persönlichkeit anzuerkennen, die sich von der deinen unterscheidet. Du musst dich gleichsam in ihre Lage hineinversetzen und versuchen, deinem Kind mit wirklichem Mitgefühl, mit Liebe und Verständnis zu helfen. Wenn die Kinder sich weigern und deine Bemühungen ablehnen, dann reagiere bitte nicht heftig, sondern zeige ihnen, dass es dir sehr leid tut, dass du um ihretwillen sehr betrübt bist und dass du merkst, dass ihnen etwas sehr Wertvolles fehlt. Und zugleich musst du ihnen so viele Zugeständnisse machen, wie du nur kannst. Du darfst nicht hart und streng sein, du darfst nicht alles grundlos einfach deshalb ablehnen, weil du ihr Vater oder ihre Mutter bist und weil dies deine Methode ist.

Im Gegenteil, du musst darauf bedacht sein, jedes legitime Zugeständnis zu machen, das du machen kannst; so weit zu gehen, wie du irgend kannst, um dadurch zu zeigen, dass du die Persönlichkeit und die Individualität des Kindes respektierst. Das ist an und für sich immer gut und richtig, und es wird immer Gutes zur Folge haben.

ZUSAMMENFASSUNG

Ich möchte nun meine Argumentation zusammenfassen: Zucht und Ermahnung muss immer in Liebe ausgeübt werden; und wenn du sie nicht in Liebe ausüben kannst, dann versuche es bitte überhaupt nicht. In diesem Falle musst du zuerst mit dir selbst fertig werden. Der Apostel hat uns bereits in einem allgemeineren Sinn geboten, die Wahrheit in Liebe zu reden (s. Eph. 4,15); genau dasselbe gilt aber auch hier. Redet die Wahrheit, aber in Liebe. Genau dasselbe gilt für die Ermahnung; sie muss durch die Liebe bestimmt und kontrolliert werden.

> *»Und berauscht euch nicht mit Wein, was Ausschweifung ist, sondern werdet voll Geistes«* (Eph. 5,18).

> Was ist die »Frucht des Geistes«? *»Die Frucht des Geistes aber ist Liebe, Freude, Friede, Langmut, Freundlichkeit, Güte, Treue, Sanftmut, Selbstbeherrschung«* (Gal. 5,22).

Wenn wir als Eltern *»voll Geistes«* sind und solche Frucht hervorbringen, dann wird die Disziplinierung, soweit es uns betrifft, nur ein sehr kleines Problem sein. *»Liebe, Freude, Friede, Langmut«* – immer in Liebe, immer zum Wohl des Kindes. Der Zweck der Disziplinierung ist es nicht, deinen Standard aufrechtzuerhalten oder zu sagen: »Ich habe beschlossen, dass es so sein sollte, und deshalb wird es auch so sein.« Du darfst nicht in erster Linie an dich selbst denken; das Kind muss in deinem Denken an erster Stelle stehen. Das Wohl des Kindes muss dein Leitmotiv sein. Du musst ein richtiges Verständnis von der Elternschaft gewinnen und das Kind als ein Leben betrachten, das dir von Gott geschenkt wurde. Wozu? Damit du es für dich behalten und es nach deinem Muster formen kannst, um ihm deine Persönlichkeit aufzuzwingen? Ganz und gar nicht! Vielmehr wurde es deiner Fürsorge und Obhut anvertraut, damit seine Seele schließlich zu Gott gelange und den Herrn Jesus Christus erkenne. Das Kind ist genauso sehr ein Geschöpf Gottes wie du selbst, das genauso von Ihm in die Welt gesetzt wurde wie du. Also musst du auch deine eigenen Kinder als Seelen betrachten und nicht so, wie du ein Tier betrachtest, das du möglicherweise dein Eigen nennst, oder gewisse Güter, die du besitzen magst. Dies ist eine dir von Gott geschenkte Seele, und du sollst als ihr Hirte und Wächter handeln.

Schließlich muss Ermahnung immer in einer solchen Weise ausgeübt werden, dass sie die Kinder dazu führt, ihre Eltern zu respektieren. Sie werden es nicht immer verstehen, und sie werden wahrscheinlich manchmal meinen, dass sie nichts Falschen getan hätten. Doch wenn wir *»voll Geistes«* sind, dann wird unsere Zurechtweisung die Auswirkung haben, dass sie uns lieben und respektieren werden; und es wird ein Tag kommen, an dem sie uns dafür danken werden, dass wir sie zurechtgewiesen haben.

Selbst wenn sie sich selbst zu verteidigen suchen, wird etwas in ihnen sein, das ihnen sagt, dass wir recht haben. Sie werden zu einem begründeten Respekt vor unserem Charakter gelangen. Sie beobachten unser Leben; sie sehen die Disziplin und Kontrolle, die wir über uns selbst ausüben, und sie werden erkennen, dass unsere Zurechtweisung nicht unseren Launen entspringt, dass wir nicht bloß unseren Gefühlen Luft machen und uns Erleichterung verschaffen. Sie werden immer wissen, dass wir sie lieben, dass wir um ihr Wohlergehen und ihren Nutzen in dieser sündigen, bösen Welt besorgt sind; und so wird bei ihnen Respekt, Bewunderung, Sympathie und Liebe entstehen.

Wie wunderbar sind all diese Beziehungen – Ehemann, Ehefrau, Eltern, Kinder! Wir sehen Menschen in der Welt um uns her, die hastig in die Ehe eilen und sie dann auch hastig wieder verlassen. Was die Kinder betrifft, so haben viele von ihnen gar keine Vorstellung davon, was Elternschaft wirklich bedeutet! Kinder sind für viele nur eine Belastung, die mal verhätschelt, mal zu hart bestraft werden; oft werden sie allein gelassen, während die Eltern ausgehen, um sich zu amüsieren; sie werden in Kindertagesstätten, in die Kinderbetreuung oder andere Einrichtungen geschickt, damit die Eltern ihre Freiheit haben! Wie wenig macht man sich Gedanken über das Kind, über sein Leiden, über den Druck auf seiner sensiblen Seele! Die Tragödie an alledem ist, dass das Leben solcher Menschen nicht von der biblischen Lehre bestimmt ist; sie sind nicht »voll Geistes«; sie behandeln ihre Kinder nicht so, wie Gott in Seiner unendlichen Liebe und Freundlichkeit uns behandelt hat.

Was wäre gewesen, wenn Gott so mit uns umgegangen wäre, wie wir häufig mit unseren Kindern umgehen?! Welch eine Langmut Gottes! Welch eine Geduld Gottes! Welch eine erstaunliche Weise, wie Er unsere schlechten Manieren genauso erträgt, wie Er die des Volkes Israel damals ertrug! Nichts ist für mich erstaunlicher als die Geduld Gottes und Seine Langmut gegenüber uns. Ich sage zu Christen und zu allen, die in irgendeiner Weise für die Erziehung von Kindern und von jungen Leuten verantwortlich sind:

> *»Denn ihr sollt so gesinnt sein, wie es Christus Jesus auch war« (Phil. 2,5).*

Und möge auch dieselbe Liebe in uns sein, damit wir unsere Kinder nicht zum Zorn reizen und dadurch sie und uns in all jene bösen Konsequenzen unseres Versagens verwickeln.

5

Erziehung in Gottesfurcht

Wir haben gesehen, dass die Ermahnung des Apostels an die Eltern zwei Seiten hat. Sie hat die negative Seite, die uns gebietet, dass wir nichts tun dürfen, um unsere Kinder zu erzürnen, dass wir sie nicht zum Zorn reizen und nicht provozieren dürfen; und nun sehen wir die positive Seite:

> *»Sondern zieht sie auf in der Zucht und Ermahnung des Herrn« (Eph. 6,4).*

Also wenden wir uns nun dieser positiven Seite der Anordnung des Apostels zu.

Wie Paulus seine Ermahnung formuliert, ist sehr interessant: *»Sondern zieht sie auf«*, sagt er, und das bedeutet ganz einfach: Zieht sie auf, nährt sie bis zur Reife. Mit anderen Worten: Das Erste, was Eltern tun müssen, ist, ihre Verantwortlichkeit für die Kinder zu erkennen. Wie wir betonten, sind sie nicht unser Eigentum. Sie gehören letztlich nicht uns, sondern sind uns von Gott für eine Weile geliehen. Zu welchem Zweck? Nicht damit wir aus ihnen herausholen können, was wir wollen, und sie nur benutzen, wie es uns beliebt, oder um unsere eigenen Wünsche zu erfüllen. Nein, unsere Aufgabe ist es, uns dessen bewusst zu werden, dass sie erzogen, aufgezogen, ernährt und vorbereitet werden müssen, nicht nur damit sie ihr Leben in dieser Welt führen können, sondern insbesondere, damit eine rechte Beziehung ihrer Seelen zu Gott entstehen kann.

Diese Anweisungen erinnern uns an die Großartigkeit des Lebens; und nichts ist trauriger und tragischer an der heutigen Welt als die Tatsache, dass die meisten Menschen diese Großartigkeit nicht erkennen.

Was ist es doch für eine gewaltige Sache, dass wir als Individuen existieren und leben können! Und wenn wir an den häuslichen Bereich und die Familie denken, dann wird es noch wunderbarer. Welch eine großartige Vorstellung gibt uns die Belehrung des Apostels von der Elternschaft und ihrer Funktion! Er teilt uns mit, dass diese Kinder uns gegeben wurden, damit wir sie aufziehen und sie auf dem Wege, den sie gehen sollen, ausbilden.

Die Medien erinnern uns konstant an die Fürsorge und die Aufmerksamkeit, die Menschen der Erziehung verschiedener Tierarten zuwenden. Es ist nicht leicht, ein Tier auszubilden, sei es nun ein Pferd oder ein Hund oder irgendein anderes Tier.

Es erfordert viel Zeit und Aufmerksamkeit. Man muss die Ernährung berücksichtigen, es trainieren und für einen geeigneten Schlafplatz sorgen; das Tier muss vor verschiedenen Gefahren geschützt werden, usw. Menschen bezahlen große Geldsummen, verbringen viel Zeit damit und machen sich viele Gedanken über die Erziehung und das Aufziehen eines Tieres, damit es in einer Tiershow oder auf einem Turnier einen Preis gewinnt. Doch manchmal gewinnt man den Eindruck, dass nur sehr wenig Zeit und Fürsorge, Aufmerksamkeit und Überlegungen der Erziehung von Kindern gewidmet werden. Das ist ein Grund, weshalb die Welt so ist, wie sie heute ist, und weshalb wir gegenwärtig mit akuten sozialen Problemen konfrontiert sind. Wenn die Menschen nur so viel über die Erziehung ihrer Kinder nachdächten, wie sie über das Aufziehen von Tieren und Blumen nachdenken, wäre die Lage eine völlig andere. Sie lesen Bücher und hören sich Vorträge über diese anderen Themen an, und sie wollen genau wissen, was sie in diesen Bereichen zu tun haben. Aber wie viel Zeit verbringen sie damit, über diese großartige Frage der Kindererziehung nachzudenken? Sie wird als selbstverständlich betrachtet, wird irgendwie vorgenommen, und die Konsequenzen dieser Haltung sind schmerzlich offensichtlich.

DIE VERANTWORTUNG DER ELTERN

Wenn wir die Anweisung des Apostels ausführen sollen, müssen wir daher einen Augenblick innehalten und überlegen, was wir tun müssen. Wenn das Kind zur Welt kommt, müssen wir uns sagen: Wir sind die Hirten und die Wächter dieser Seele. Welch eine große Verantwortlichkeit! Im Geschäfts- und Berufsleben sind die Menschen sich der großen Verantwortung sehr wohl bewusst, die in den Entscheidungen, die sie fällen müssen, auf ihnen lastet.

- Aber sind sie sich auch der unendlich größeren Verantwortlichkeit bewusst, die sie in Bezug auf ihre eigenen Kinder tragen?
- Widmen sie ihnen wenigstens genauso viele Überlegungen, Aufmerksamkeit und Zeit?

- Liegt diese Verantwortung genauso schwer auf ihnen wie diejenige, die sie in jenen anderen Bereichen empfinden?

Der Apostel drängt uns dazu, dies als die größte Lebensaufgabe zu betrachten, als den größten Auftrag, den wir je ausführen und bewältigen können.

Dabei bleibt Paulus nicht stehen. Er sagt: *»Zieht sie auf in der Zucht und Ermahnung des Herrn.«* Die beiden Worte, die er gebraucht, sind höchst interessant. Der Unterschied zwischen ihnen ist, dass das erste Wort, »Zucht« oder »Erziehung«, allgemeiner ist als das zweite. »Zucht« beinhaltet die Gesamtheit der Erziehung, des Aufziehens und Großziehens des Kindes. Daher schließt es auch eine allgemeine Zucht mit ein. Und wie alle Ausleger übereinstimmend festhalten, liegt die Betonung dabei auf Handlungen. Das zweite Wort, »Ermahnung«, bezieht sich eher auf Worte, die gesprochen werden. »Zucht« ist der allgemeinere Ausdruck und schließt alles ein, was wir für die Kinder zu tun haben. Es schließt allgemein den gesamten Prozess der Pflege des Verstandes und Geistes, der Moral und des sittlichen Verhaltens, der ganzen Persönlichkeit des Kindes ein. Das ist unsere Aufgabe. Wir sollen uns um das Kind kümmern, für es sorgen und es bewachen.

Das Wort »Ermahnung« hat einen sehr ähnlichen Bedeutungsinhalt, abgesehen von der Tatsache, dass der größere Nachdruck bei ihm auf dem Reden liegt. Also hat dieses Thema zwei Aspekte. Zunächst werden wir uns mit dem allgemeinen Betragen und Verhalten beschäftigen müssen, mit den Dingen, die wir durch Handlungen ausführen müssen. Dann gibt es zusätzlich noch gewisse Ermahnungen, die an das Kind gerichtet werden sollen, Worte der Ermahnung, Worte der Ermutigung, Worte des Tadels, Worte der Überführung, Worte des Trostes. Sie alle sind in dem Ausdruck, den Paulus gebraucht, mit inbegriffen, ja, auch alles, was wir mit Worten zu Kindern sagen, wenn wir Standpunkte definieren und andeuten, was richtig oder falsch ist, sie ermutigen, ermahnen usw. Das ist die Bedeutung des Wortes »Ermahnung«.

Kinder sollen *»in der Zucht und Ermahnung* ***des Herrn****«* aufgezogen werden – das ist der allerwichtigste Teil dieses Satzes: *»des Herrn«*. Dies stellt gläubige Eltern, die ihre Pflichten ihren Kindern gegenüber wahrnehmen, in eine ganz andere Kategorie als alle anderen Eltern. Mit anderen Worten: Dieser Appell an gläubige Eltern dient nicht einfach dazu, sie im Sinne einer allgemeinen Sittlichkeit oder guter Manieren oder eines lobenswerten Verhaltens im Allgemeinen zu erziehen. Das ist natürlich mit eingeschlossen; jeder sollte es tun; auch nichtchristliche Eltern sollten es tun. Selbst sie sollten um gute Manieren und ein gutes allgemeines Benehmen bei ihrem Kind besorgt sein und darauf achten, dass es das Böse meidet; sie sollten ihre Kinder lehren, ehrlich, pflichtbewusst, respektvoll und dergleichen zu sein. Das ist lediglich die allgemeine Sittlichkeit. Selbst weltliche Schriftsteller, die am Gemeinwohl und der besten Gesellschaftsordnung interessiert waren, haben ihre Mitmenschen stets ermahnt, solche Prinzipien zu lehren. Ohne ein gewisses Maß an Disziplin, Recht und Ordnung kann die Gesellschaft nicht auskommen. Der Apostel bezieht sich jedoch nicht allein darauf; er sagt, dass die Kinder von Christen aufgezogen werden sollen *»in der Zucht und Ermahnung* ***des Herrn****«*.

An diesem Punkt werden das christliche Denken und Lehren relevant. Bei gottesfürchtigen

Eltern muss immer der Gedanke im Vordergrund stehen, dass die Kinder in der Erkenntnis des Herrn Jesus Christus als Erretter und als Herrn aufgezogen werden sollen. Das ist der spezielle Auftrag, zu dem allein gläubige Eltern berufen sind. Dies ist nicht nur ihre höchste Aufgabe; ihr größter Wunsch und ihr höchstes Bestreben für ihre Kinder sollte es sein, dass sie zu einer Erkenntnis des Herrn Jesus Christus als ihres Erretters und Herrn gelangen.

- Ist das unser höchstes Bestreben für unsere Kinder?
- Kommt dies an erster Stelle, dass sie Den kennenlernen mögen, Den zu erkennen ewiges Leben bedeutet; dass sie Ihn als ihren Erretter kennenlernen, und dass sie Ihm als ihrem Herrn nachfolgen mögen?

AUS DER GESCHICHTE LERNEN

Jetzt kommen wir zu der praktischen Frage, wie dies geschehen soll. Hier haben wir wiederum ein Thema, das dringend unsere Aufmerksamkeit erfordert. In der Bibel selbst wird großer Nachdruck auf die Erziehung des Kindes gelegt. Nehmen wir zum Beispiel die Worte, die im sechsten Kapitel des Fünften Buches Mose zu finden sind. Mose hat das Ende seines Lebens erreicht, und die Kinder Israel sind im Begriff, in das verheißene Land einzuziehen. Er erinnert sie an das Gesetz Gottes und sagt ihnen, wie sie leben sollen, wenn sie in das Land ihres Erbteils eingehen werden. Unter anderem ist er jetzt bestrebt, ihnen deutlich zu machen, dass sie ihre Kinder das Gesetz lehren sollen. Es ist nicht genug, dass sie es kennen und selbst darüber nachsinnen; sie müssen ihre Erkenntnis weitergeben. Das Gesetz muss den Kindern gelehrt werden, und sie dürfen es nie vergessen. Und so wiederholt er diese Anweisung in jenem Kapitel zweimal. Sie taucht auch in Kapitel 11 des fünften Buches Mose und hier und da an verschiedenen Stellen im Alten Testament wieder auf. In ähnlicher Form findet sie sich auch im Neuen Testament (s. 1.Tim. 3,4; 5,4; Tit. 1,6).

Es ist sehr interessant, in der langen Zeit der Kirchengeschichte zu beobachten, wie dieser spezielle Punkt immer wieder auftaucht und in jeder Phase der Reformation und Erweckung besonders in den Vordergrund tritt. Die Reformatoren waren darum besorgt, und die Unterweisung der Kinder in sittlichen und geistlichen Themen wurde besonders in den Vordergrund gestellt. Die Puritaner stellten sie sogar noch mehr in den Vordergrund, und die Erweckungsprediger handelten genauso. Über dieses Thema der Unterweisung des Kindes sind ganze Bücher geschrieben und viele Predigten gehalten worden.

Dies ergibt sich naturgemäß; denn wenn Menschen Christen werden, so wirkt sich dies auf ihr ganzes Leben aus. Es ist nicht bloß etwas Individuelles und Persönliches; es beeinflusst die eheliche Beziehung, und somit gibt es unter Christen weitaus weniger Eheprobleme als unter Nichtchristen. Es wirkt sich auch auf das Familienleben aus; es beeinflusst das Zuhause, es beeinflusst jeden Bereich des menschlichen Lebens. Die größten Epochen in der Geschichte unseres Landes und anderer Länder waren immer die Jahre, die auf eine geistliche Erweckung des wahren Glaubens gefolgt sind. Das sittliche Niveau der ganzen Gesellschaft ist dadurch angehoben worden;

selbst diejenigen, die keine Christen wurden, sind davon beeinflusst und ergriffen worden.

Mit anderen Worten: Es besteht keine Hoffnung, die moralischen Probleme der Gesellschaft anders als mit Hilfe des Evangeliums von Christus zu lösen. Die Rechtsordnung wird nie losgelöst von der Gottesfurcht durchgesetzt werden können; doch wenn Menschen gottesfürchtig werden, dann fahren sie fort, indem sie die Prinzipien der Gottesfurcht auf der ganzen Linie zur Anwendung bringen, und die Gerechtigkeit ist dann in der ganzen Nation zu beobachten. Leider müssen wir jedoch der Tatsache ins Auge sehen, dass dieser Aspekt des Christentums in unserer Zeit aus irgendeinem Grund schwer vernachlässigt worden ist. Dies ist ein Element des Zusammenbruchs, den wir im Leben, in der Moral, in der Familie, im Zuhause und in anderen Lebensbereichen beklagen müssen.

Er steht im Zusammenhang mit der verrückten Hektik, in der wir alle leben und durch die wir alle so sehr beeinflusst werden. Aus dem einen oder anderen Grund zählt die Familie nicht mehr so viel, wie sie einst zählte; sie ist nicht mehr das Zentrum und die Einheit, die sie früher einmal war. Der ganze Gedanke des Familienlebens hat irgendwie einen Niedergang erlebt, und dies ist teilweise leider auch in christlichen Kreisen der Fall. Die zentrale Bedeutung der Familie, die in der Bibel und in all jenen großen Perioden hervortritt, auf die wir Bezug genommen haben, scheint aus dem Blickfeld verschwunden zu sein. Man schenkt ihr nicht länger die Aufmerksamkeit, die sie einst genoss, und den Vorrang, den sie einst hatte. Das alles macht es für uns umso wichtiger, die Prinzipien zu entdecken, von denen wir uns in dieser Hinsicht leiten lassen sollten.

DIE ERZIEHUNG ERFOLGT ZU HAUSE

Zuallererst ist die Erziehung von Kindern *»in der Zucht und Ermahnung des Herrn«* etwas, was zu Hause und von den Eltern vorgenommen werden sollte. Darauf liegt in der ganzen Bibel der Nachdruck. Sie ist nicht etwas, was man der Schule überlassen könnte, wie gut diese auch immer sein mag. Sie ist die Pflicht der Eltern, ihre vorrangige und wichtigste Pflicht (5.Mo. 6,6-8). Sie liegt in ihrer Verantwortung, und sie dürfen diese Verantwortlichkeit niemand anderem überlassen. Leider haben Eltern ihre Verantwortlichkeiten und ihre Pflichten immer mehr den Schulen oder der Sonntagsschule abgegeben.

Dies betrachte ich als eine überaus ernsthafte Angelegenheit. Es gibt im Leben eines Kindes keinen wichtigeren Einfluss als den der Familie. Die Familie ist die fundamentale Zelle der Gesellschaft, und Kinder werden in ein Zuhause, in eine Familie, hineingeboren. Das ist der Kreis, der den Haupteinfluss in ihrem Leben ausüben soll. Das unterliegt keinem Zweifel, denn die Bibel lehrt es überall, und wo irgend in sogenannten Zivilisationen die Vorstellungen über die Familie verwässert werden, wird die Gesellschaft letztendlich zerfallen.

Deshalb kommt Christen die Aufgabe zu, sehr sorgfältig die ganze Frage der Kindertagesstätten, Ganztagsschulen und ähnlicher Einrichtungen in Erwägung zu ziehen und wieder neu zu fragen, ob es richtig ist, Kinder dorthin zu schicken, wo sie mitunter den ganzen Tag ohne die Familie und außerhalb ihres besonderen Einflussbereichs verbringen. Ist das mit der biblischen Lehre in

Einklang zu bringen? Diese Frage ist dringlich, denn dies ist mehr oder weniger die Gewohnheit und die Praxis vieler evangelikaler Christen geworden.

Die Bibel lehrt, dass das Wohlergehen des Kindes und seiner Seele immer das Hauptanliegen der Eltern sein sollte, und alles Prestige – um uns keines stärkeren Begriffs zu bedienen – und aller Ehrgeiz sollten dem deutlich untergeordnet werden. Alles, was gegen die Seele des Kindes und ihre Erkenntnis Gottes und des Herrn Jesus Christus streitet, sollte verworfen werden. Der primäre Gesichtspunkt sollte immer die Seele des Kindes und ihre Beziehung zu Gott sein. Wie gut die Erziehung, die eine Betreuungseinrichtung anbietet, auch immer sein mag, muss sie womöglich doch abgelehnt werden, wenn sie eine Gefahr für das Wohl der Seele darstellt. Das wesentliche Element zur Förderung dieses Wohles der Seele liegt *»in der Zucht und Ermahnung des Herrn«*, und dies stellt die primäre Aufgabe und Pflicht der Eltern dar.

Im Alten Testament wird es ziemlich deutlich, dass der Vater eine Art Priester in seinem Haushalt und seiner Familie darstellte; er vertrat sozusagen

Gott. Er war nicht nur für die Moral und das Verhalten, sondern auch für die Unterweisung seiner Kinder verantwortlich. Die Bibel betont überall, dass dies primär die Pflicht und Aufgabe der Eltern ist. Und das bleibt bis auf diesen heutigen Tag so. Wenn wir Christen sind, dann muss es uns bewusst sein, dass dieser große Nachdruck auf jene von Gott verordneten Grundeinheiten – die Ehe, die Familie und das Zuhause – gelegt wird. Mit ihnen kannst du nicht spielen. Es nützt nichts, wenn man – wie die meisten, die ihre Kinder in Kindertagesstätten schicken – sagt: »Das tut doch jeder, und die Kindertagesstätte stellt ein wunderbares Erziehungssystem dar.« Die alles entscheidende Frage ist vielmehr: Ist es biblisch, ist es christlich, ist es wirklich den gegenwärtigen und ewigen Interessen der Seele des Kindes dienlich?

Ich wage die Prophezeiung, dass die Wiederherstellung der Gottesfurcht und der Moral in unserem Land sehr wohl durch eine Neubesinnung in diesem Bereich erfolgen könnte. Die Christen werden darüber noch mehr eigenständig nachdenken müssen. Wir müssen einmal mehr Pioniere sein, so wie es das Volk Gottes in vergangenen Zeiten sein musste, und die anderen werden uns dann folgen. Wir sollten darüber nachdenken, in welchem Maße die Methode des »Abgebens der Kinder« für den Zusammenbruch der Moral in unserem Land verantwortlich ist. Ich denke nicht nur an bestimmte Sünden, sondern an die ganze Einstellung der Kinder ihrem Elternhaus gegenüber. Ein Zuhause sollte kein Ort sein, an dem Kinder lediglich die Nächte und ihre Ferien verbringen. Es gibt jedoch viele Kinder, für die ihr Zuhause nichts anderes ist; und ihre Eltern neigen dann dazu, ihnen eine nachlässige Behandlung angedeihen zu lassen, anstatt sie so zu behandeln, wie sie es eigentlich sollten. In diesem Fall hat man die ganze Erziehung des Kindes *»in der Zucht und Ermahnung des Herrn«* aus dem Blickfeld verloren. Allerdings gibt es, so könnte man argumentieren, besondere Umstände. Das ist wahr. Wenn aber keine besonderen Umstände vorliegen, sollte das Prinzip, das ich aufgestellt habe, die Regel sein; und es gibt nur sehr wenige »besondere Umstände«.

SCHUTZ GEGEN VERFÜHRUNGEN

Die primäre Aufgabe der Familie und der Eltern liegt ziemlich deutlich auf der Hand. Was sollten Eltern tun? Sie sollten die Belehrung durch die Gemeinde ergänzen, und sie sollten die Belehrung durch die Gemeinde anwenden. Nur sehr wenig kann direkt in einer Predigt geschehen. Sie muss angewandt, erklärt, erweitert und ergänzt werden. Hier spielen die Eltern eine so wichtige Rolle. Und wenn dies auch immer schon richtig und bedeutend war, so kommt dem heute noch mehr Bedeutung zu als je zuvor. Ich frage gläubige Eltern: Habt ihr je ernsthaft über dieses Thema nachgedacht? Ihr steht vielleicht vor einer größeren Aufgabe, als Eltern je standen, und zwar aus folgendem Grund: Bedenkt, was heute in den Schulen den Kindern beigebracht wird. Ihnen wird eine völlig falsche Vorstellung von Ehe und Familie gelehrt. Die Evolutionslehre wird ihnen nicht als eine bloße Theorie vorgestellt, die bis heute nicht bewiesen worden ist; sondern es wird ihnen der Eindruck vermittelt, dass sie eine unstrittige Tatsache sei und dass alle Menschen mit naturwissenschaftlicher Erkenntnis und Bildung daran glauben müssten. Und sie werden als seltsam betrachtet, wenn sie diese Theorie nicht akzeptieren. Wir müssen dieser Situation begegnen. Auch die Bibelkritik mit ihren angeblich »gesicherten Ergebnissen« wird ihnen durch die Religionslehrer vermittelt. Nur wenige Eltern sind sich der Verführung durch die Schule bewusst.

Kindern werden in den Schulen perverse Dinge beigebracht, und sie hören und sehen es auch noch in den [Sozialen Medien]. Die ganze Stoßrichtung dieser Lehren ist antigöttlich, gegen die Bibel, gegen das wahre Christentum, gegen die Wunder Gottes und gegen das Übernatürliche gerichtet. Wer wird diesen Trends etwas entgegensetzen können? Genau das ist die Aufgabe der Eltern:

> *»Sondern zieht sie auf in der Zucht*
> *und Ermahnung des Herrn.«*

Dies erfordert in unserer heutigen Zeit große Anstrengungen seitens der Eltern, weil die Kräfte, die gegen uns gerichtet sind, eine so große Kraft aufweisen. Gottesfürchtige Eltern haben heute diese ungewöhnlich schwierige Aufgabe, ihre Kinder vor diesen mächtigen und feindlichen Kräften zu beschützen, die versuchen, sie zu beeinflussen.

KEINE MECHANISCHE ERZIEHUNG

Um ganz praktisch zu werden, möchte ich aufzeigen, wie diese Erziehung nicht ausgeführt werden darf. Wir können nämlich auf eine bestimmte Weise mit dieser Situation umgehen und dabei viel mehr schaden als nützen. Wie darf man bei der Erziehung nicht vorgehen? Sie darf nie auf eine mechanisch-abstrakte Weise geschehen, als ob sie eine Art Drill wäre.

Ich erinnere mich in diesem Zusammenhang an eine Erfahrung, die ich vor einigen Jahren machte. Ich besuchte ein paar Freunde, während ich an einem bestimmten Ort predigte und die Ehefrau, die Mutter der Familie, in einem Zustand akuter Verzweiflung vorfand. Im Gespräch entdeckte ich die Ursache ihrer Verzweiflung. Eine gewisse Dame hatte dort in jener Woche Vorträge für Frauen zu dem Thema »Wie du deine Kinder zu guten Christen erziehen kannst« gehalten. Es war wunderbar! Jene Dame hatte fünf oder sechs Kinder, und sie hatte ihre Familie und ihr Leben so organisiert, dass sie ihre gesamte Hausarbeit bis neun Uhr vormittags abgeschlossen hatte und sich dann verschiedenen christlichen Aktivitäten widmen konnte. All ihre Kinder waren gute Christen geworden, und es schien alles so leicht zu sein, so wunderbar.

Die Mutter, die mit mir sprach und zwei Kinder hatte, war völlig verzweifelt und meinte, dass sie eine absolute Versagerin sei. Was sollte ich zu ihr sagen? Ich sagte Folgendes: »Augenblick mal; wie alt sind die Kinder jener Dame?« Ich wusste zufällig die Antwort, und auch die Mutter wusste sie. Nicht eines dieser Kinder hatte zu jener Zeit das Alter von etwa sechzehn Jahren überschritten. Dann fuhr ich fort: »Warten wir ab und sehen dann weiter. Diese Dame erzählt dir, dass die Kinder alle Christen seien und dass man lediglich einen Plan benötige, den man dann nur regelmäßig ausführen müsse. Warte noch eine Weile; in ein paar Jahren kann es in ihrer Familie ganz anders aussehen.« Und leider sah es dann später tatsächlich ganz anders aus. Es ist zweifelhaft, ob mehr als eines dieser Kinder wirkliche Christen sind. Einige von ihnen sind heute offen antichristlich eingestellt und haben dem Christentum den Rücken zugekehrt.

Man kann Kinder nicht auf diese Weise zu Christen erziehen. Es ist kein mechanischer Prozess, und im Fall der Rednerin war alles so kalt und steril. Ich hatte gehört, wie dieselbe Dame an einem anderen Ort denselben Vortrag gehalten hatte. Dort war eine Frau zugegen, die ein wenig Verständnis und Einsicht hatte. Nachdem sie dieser Rede zugehört hatte, machte sie eine Bemerkung, die ich für einen sehr guten Kommentar hielt. Sie wandte sich auf dem Heimweg zu einigen Freundinnen und sagte: »Ich danke Gott, dass sie nicht meine Mutter war!« Das ist sicherlich zum Schmunzeln, zugleich aber hat es auch etwas Tragisches an sich. Dort waren keine Liebe und keine Wärme zu spüren. Hier war eine Dame, die stolz auf sich selbst war und alles mechanisch tat. Was für eine wunderbare Mutter schien sie doch zu sein! Doch jene andere Frau entdeckte, dass dort keine Liebe, kein echtes Verständnis war, nichts, was das Herz eines Kindes erwärmen konnte. Ein Kind ist keine Maschine, und folglich kann man diese Arbeit auch nicht mechanisch verrichten.

Die Erziehung darf genauso wenig auf eine gänzlich negative oder repressive Weise erfolgen. Wenn du den Kindern den Eindruck vermittelst, dass Christsein bedeute, unglücklich zu sein, und dass es aus Verboten und ständiger Unterdrückung bestehe, treibst du sie womöglich in die Arme des Teufels und in die Welt. Sei nie rein negativ und repressiv. Ich begegne in dieser Hinsicht ständig Tragödien. Leute sprechen am Ende eines Gottesdienstes mit mir und sagen zum Beispiel: »Dies ist das erste Mal seit ungefähr zwanzig Jahren, dass ich wieder in einer Kirche oder etwas Derartigem gewesen bin.« Ich frage sie dann zurück: »Wie kommt das?« Dann erzählen sie mir, dass dies eine Reaktion gewesen sei gegen die Härte und den repressiven Charakter der Art Christentum, in der sie aufgezogen worden seien. Sie hatten überhaupt keine Vorstellung vom wahren Christentum. Was sie erlebt hatten, war kein Christentum, sondern eine harte, von Menschen gemachte Religion, die aus lauter Regeln bestand. Es gibt leider immer noch Menschen, die nur eine Karikatur des wahren Christentums darstellen und seine eigentliche Lehre nie verstanden haben. Sie haben das Negative, aber nie das Positive gesehen. Das richtet einen großen Schaden an.

Als Christen dürfen wir die Erziehung unserer Kinder *»in der Zucht und Ermahnung des Herrn«* nie so gestalten, dass wir kleine Pedanten und Heuchler aus ihnen machen. Auch das habe ich sehr häufig gesehen. Für mich ist es sehr traurig und geradezu abstoßend, zu hören, wie Kinder fromme Phrasen dreschen, die sie gar nicht verstehen. Ihre Eltern jedoch sind stolz auf sie und sagen: »Hört sie euch an; ist das nicht wunderbar?« Die Kinder sind zu jung dafür, solche Dinge zu verstehen. Ich weiß, dass viele Kinder gern das Predigen nachspielen. Solch ein kindliches Verhalten mag entschuldbar sein; doch wenn die Eltern dann meinen, dass dies wunderbar sei, und die Kinder ermutigen, es auch vor den bewundenden Blicken Erwachsener zu tun, dann ist es nahezu Blasphemie. Es ist für das Kind ganz gewiss sehr schädlich. Damit macht man kleine Pedanten, kleinc Heuchler aus ihnen.

Keinen Druck ausüben

Mein letzter negativer Punkt ist, dass wir ein Kind niemals zu einer Entscheidung zwingen dürfen. Wie viele Schwierigkeiten sind dadurch verursacht, wie viel Schaden ist dadurch angerichtet worden! »Ist es nicht wundervoll?«, sagen die Eltern, »mein kleiner Soundso, der noch ein Kind ist, hat sich für Jesus entschieden.« In der Evangelisationsveranstaltung ist massiver Druck ausgeübt worden. Doch das sollte niemals geschehen; damit verletzt du die Persönlichkeit deines Kindes. Außerdem stellst du dadurch deine völlige Unwissenheit über den Heilsweg zur Schau. Ein kleines Kind kann man dazu bringen, sich für alles Mögliche zu entscheiden. Du hast die Kraft und die Fähigkeit, dies zu tun; aber es ist falsch, es ist unchristlich, es ist unbiblisch.

Gläubige Eltern müssen immer daran denken, dass sie es mit einer Persönlichkeit, einer Seele zu tun haben. Mein Rat ist: Übe keinen Druck auf deine Kinder aus. Zwinge sie nicht zu einer Entscheidung. Ich kenne die Besorgtheit, die Eltern empfinden. Sie ist ganz natürlich; aber wenn wir geistlich sind, wenn wir »voll Geistes« sind, werden wir nie eine Persönlichkeit verletzen, nie einen unfairen Druck auf ein Kind ausüben. Also darf unsere Belehrung aufrichtig und direkt, aber nie zu gefühlsbetont sein. Sie darf nie in einer solchen Weise erfolgen, dass unsere Kinder das Gefühl haben, uns untreu zu sein, wenn sie sich nicht zum Glauben bekennen. Das wäre unverzeihlich.

DEN CHRISTLICHEN STANDPUNKT DARLEGEN

Was ist dann die richtige Erziehungsmethode? Dazu möchte ich dir einige Vorschläge unterbreiten. Es hingen einst in den Häusern von Gläubigen – manchmal sehe ich dies immer noch – an der Wand kleine Sprüche mit beispielsweise folgendem Satz als Aufschrift: »Christus ist das Haupt dieses Hauses.« Ich bin kein Verfechter davon, solcherlei Sprüche aufzuhängen; aber in der Grundidee lag auch etwas Gutes. Im Alten Testament lesen wir, dass die Kinder Israel unterwiesen wurden, die Worte des Herrn auf die Türpfosten zu schreiben, und zwar deshalb, weil wir solche vergesslichen Kreaturen sind. Einige Christen pflegen zum Teil aus demselben Grunde die Zehn Gebote an die Wände zu hängen. Aber ob du nun einen Text aufhängst oder nicht – es ist überaus wichtig, dass immer der Eindruck vermittelt werden sollte, dass Christus das Haupt des Hauses oder der Familie ist.

Wie vermittelst du diesen Eindruck? In erster Linie durch dein allgemeines Verhalten und Vorbild! Die Eltern sollten so leben, dass die Kinder immer das Gefühl haben, dass sie selbst unter der Obhut Christi stehen, dass Christus ihr Haupt ist. Dieser Fakt sollte in ihrem Betragen und Verhalten offenbar werden. Vor allem sollte eine Atmosphäre der Liebe bestimmend sein.

> *»Und berauscht euch nicht mit Wein, was Ausschweifung ist, sondern werdet voll Geistes« (Eph. 5,18).*

Das ist hierbei der ausschlaggebende Text, wie auch bei allen besonderen Anwendungen. Die Frucht des Geistes ist Liebe, und wenn das Haus mit einer durch den Geist bewirkten Atmosphäre der Liebe erfüllt ist, sind die meisten seiner Probleme bereits gelöst. Eine Atmosphäre der Liebe wirkt sich auf die christliche Erziehung der Kinder günstig aus – im Gegensatz zu Druck und Drohung.

Was ist noch wichtig? Allgemeine Gespräche! Am Tisch bzw. überall, wo du auch immer bist, sind allgemeine Gespräche überaus wichtig. Wir hören vielleicht die Nachrichten, und das Gespräch beginnt über dieses Thema. Großartige Dinge werden erwähnt – internationale Angelegenheiten, Politik, wirtschaftliche Probleme usw. Ein Teil unserer Aufgabe bei der Erziehung unserer Kinder in der Zucht und Ermahnung des Herrn ist es, darauf zu achten, dass auch solche allgemeinen Gespräche immer nach biblischen Grundsätzen geführt werden. Wir sollten stets den christlichen Standpunkt darlegen. Die Kinder werden andere Leute über die gleichen Dinge reden hören und werden erleben, wie über dieselben Dinge gestritten wird, die zu Hause diskutiert wurden. Sofort werden sie einen großen Unterschied feststellen; der ganze Ansatz war zu Hause ein anderer.

Die Heilige Schrift muss ins ganze Leben hineingenommen werden. Ob du nun internationale oder regionale Angelegenheiten, persönliche oder geschäftliche Angelegenheiten erörterst – was auch immer es sein mag, muss doch alles unter diesem allgemeinen Hauptanliegen betrachtet werden. Dies ist ein ganz entscheidender Punkt; denn wenn dies geschieht, werden die Kinder sich unmerklich der Tatsache bewusst, dass es im Leben ihrer Eltern ein herrschendes Prinzip gibt; ihr Denken und alles andere in ihnen unterscheidet sich von allem, was sie in der Welt sehen und hören. Die ganze Atmosphäre ist anders. Also werden die Kinder sich allmählich und teilweise unmerklich dessen bewusst, dass es so etwas wie einen christlichen Standpunkt gibt. Damit hat man wirklich etwas erreicht. Wenn die Kinder diese Tatsache wirklich begreifen, wird das Problem viel leichter.

LEHRE SIE DIE BIBLISCHEN WAHRHEITEN

Der nächste Punkt ist das Beantworten von Fragen. Damit bekommen gläubige Eltern eine großartige Gelegenheit. Ich weiß, dass dies manchmal äußerst schwierig ist; aber es ist uns diese Gelegenheit gegeben, Fragen zu beantworten. Ich mag die Art und Weise, wie dieses Thema in 5. Mose 6,20-21 eingeführt wird:

»Wenn dich nun dein Sohn in Zukunft fragen und sagen wird: Was sind das für Zeugnisse, Satzungen und Rechtsbestimmungen, die euch der HERR, unser Gott, geboten hat?, so sollst du deinem Sohn sagen: Wir waren Knechte des Pharao in Ägypten, und der HERR führte uns mit starker Hand aus Ägypten.«

Mit anderen Worten: Es wird ein Tag kommen, an dem die Kinder derartige Fragen stellen werden: »Warum tut ihr dies oder das? Die Eltern meines Freundes machen das anders; warum tut ihr das nicht?« Damit ist dir eine Gelegenheit geschenkt, dein Kind *»in der Zucht und Ermahnung des Herrn«* aufzuziehen. Wenn du sie ergreifen willst, musst du natürlich zuvor die richtige Antwort wissen und in der Lage sein, sie auch zu geben. Du kannst nicht Rechenschaft ablegen über die Hoffnung, die in dir ist, du kannst dein Kind nicht in der Zucht und Ermahnung des Herrn erziehen, wenn du deine Bibel und deren Lehre nicht kennst.

»Warum tut ihr dies nicht, warum tut ihr das nicht? Die Väter meiner Klassenkameraden verbringen ihre Abende in Kneipen; ihr tut es nicht. Sie verbringen ihre Abende in Clubs, sie verbringen ihre Nächte mit Tanzen – ihr nicht. Warum? Wo liegt der Unterschied?«

Wenn du auf diese Weise befragt wirst, darfst du diese Fragen deines Kindes nicht ignorieren und sagen: »Nun, wir sind eben alle unterschiedlich, weißt du, und wir mögen es halt lieber so.« Nein, du sagst vielmehr zu deinem Kind: »Zunächst einmal sind wir vom Herzen her alle gleich, wir verhalten uns nicht etwa deshalb anders, weil wir von Natur aus besser als andere wären. Das ist nicht die Erklärung. Es liegt nicht etwa daran, dass ich ein solches Temperament habe und die anderen Väter ein anderes haben. Wir sind alle ›in Sünde geboren‹; wir alle sind von Natur aus an verschiedene Dinge versklavt. Bei uns allen liegt etwas im Argen; es steckt ein böses Prinzip in uns allen, und niemand von uns kennt Gott wirklich. Siehst du, der Unterschied ist dieser, dass Gott mich hat erkennen lassen, wie verkehrt bestimmte Dinge sind. Aber ich wäre immer noch genauso wie die Väter deiner Kameraden, wenn ich nicht glaubte und wüsste, dass Gott Seinen einzigen Sohn, den Herrn Jesus, von dem du gehört hast, in die Welt gesandt hat, um uns zu erlösen, um uns zu befreien.«

Damit stellst du dem Kind das Evangelium vor Augen; du musst entscheiden, wie viel du hier sagst. Das hängt vom Alter des Kindes ab. Aber beantworte seine Fragen; lass es wissen, lass es genau wissen, wenn es seine Fragen stellt, warum du so lebst, wie du lebst. Du darfst es ihm nicht aufzwingen; aber wenn es seine Fragen stellt, dann sag es ihm, erkläre es ihm ganz einfach. Sag ihm immer mehr, je älter es wird; aber sei immer bereit, die Fragen zu beantworten. Mach dich mit den Fakten vertraut, studiere täglich die Heilige Schrift, erbaue dich selbst darin, sodass du es mitteilen und weitergeben kannst. Damit wirst du imstande sein, deine Kinder *»in der Zucht und Ermahnung des Herrn«* aufzuziehen.

Ermutige deine Kinder, gute Biografien zu lesen. Biografien werden sie ansprechen. Leite sie in deiner Belehrung auf unterschiedliche Weise an, lenke ihre Gedanken in die richtige Richtung, und mach sie damit vertraut, wie herrlich der christliche Glaube in Aktion ist.

Liebe Eltern, seid immer darauf bedacht, dass die gesamte Familie bei den Mahlzeiten zusammen ist, und achtet darauf, Gott dafür zu danken und

Seinen Segen dafür zu erbitten! Dies tut heute auch kaum noch jemand, abgesehen natürlich von denjenigen, die wahre Christen sind. Wenn deine Kinder sich daran gewöhnen, dass du Gott dankst und Seinen Segen erbittest, so wird dies etwas bei ihnen bewirken. Geh noch weiter. Pflege die tägliche Familienandacht, wo das Wort Gottes im Mittelpunkt steht. Der Vater als das Haupt der Familie sollte einen Abschnitt aus der Bibel lesen, es mit einfachen Worten erklären und mit allen gemeinsam beten. Es braucht kein langes Gebet zu sein, aber er sollte Gott anerkennen und Ihm für den Herrn Jesus Christus danken. Lass die Kinder regelmäßig das Wort Gottes hören. Wenn sie Fragen dazu stellen, dann beantworte diese. Unterweise sie, so gut du kannst. Sei weise, sei klug! Mach diese Angewohnheit nicht zu etwas Langweiligem; gestalte die Familienandacht so, dass sie sich darauf freuen als auf etwas, was sie mögen und woran sie ihre Freude haben.

ZUSAMMENFASSUNG

Mit anderen Worten können wir zusammenfassend sagen: Uns obliegt die Aufgabe, das Christenleben anziehend zu gestalten. Wir sollten unseren Kindern die Erkenntnis vermitteln, dass das Wunderbarste in der Welt die Botschaft der Schrift ist, und dass es im Leben nichts gibt, was mit dem Christsein vergleichbar wäre. Wir sollten in ihnen den Wunsch wecken, so wie wir zu sein. Sie sehen uns, und sie sehen die Freude, die wir am Herrn haben, und die Art und Weise, wie wir Ihn bewundern. Die Kinder sollten sich sagen: Ich sehne mich danach, wie meine Eltern zu sein.

Unsere Methode darf niemals mechanisch, gesetzlich oder repressiv sein. Unser Zeugnis darf nie gezwungen wirken, sondern sie sollten in allem, was wir tun und sagen, wissen, dass wir freudig »Sklaven Jesu Christi« sind, dass Gott uns in Seiner Gnade die Augen geöffnet und uns für die herrlichsten Dinge in der Welt empfänglich gemacht hat, und dass unser größter Wunsch für sie ist, dass sie dieselbe Erkenntnis erlangen, dieselbe Freude finden und das größte Privileg der Welt genießen mögen, nämlich dem Herrn dienen und zur Ehre Seines herrlichen Namens leben zu dürfen.

Was auch immer deine Arbeit sein mag – ob du ein Geschäftsmann oder ein Handwerker, oder ob du Prediger bist –, tue alles zur Ehre Gottes! Auf diese Weise wirst du deine Kinder *»in der Zucht und Ermahnung des Herrn«* erziehen.

Wie kann man ein glückliches Zuhause haben? Wie können wir unseren Kindern in einer Welt, die der Ordnung Gottes für eine Familie feindlich gegenübersteht, eine solide Grundlage vermitteln?

Matthew Henry beschreibt in diesem Buch die Schönheit einer Familie, in der Gott im Zentrum steht, die Ihn anbetet und für Ihn lebt, einander liebt und füreinander betet. Henry appelliert besonders an Familienväter, dass sie ihre großartige Pflicht und Verantwortung wahrnehmen, ihre Familie in der Gottesfurcht zu leiten, als solche, die darüber Rechenschaft ablegen müssen. Dann erklärt er, was eine christliche Familie ausmacht, und zeigt einige Motive für eine Familie mit Gott im Zentrum auf. Und schlussendlich gibt Henry wertvolle Ratschläge für eine von Gott gesegnete Familie.

Dieses Buch ist eine Ermutigung insbesondere für Väter, aber auch für junge Männer, aus ihrem Zuhause ein gesundes geistliches Umfeld zu machen. Abgesehen von dem wertvollen Inhalt macht auch das hochwertige Design das Buch zu etwas Besonderem.

WAS BEDEUTET ES, EIN TREUER UND ZUVERLÄSSIGER MANN ZU SEIN?

WAS MACHT EINEN TREUEN MANN AUS?

WORIN MUSS ER TREU UND ZUVERLÄSSIG SEIN?

Im Buch der Sprüche werden uns diese Fragen beantwortet. Darin können wir ganz praktisch erkennen, was Treue beinhaltet. Peter Schild zeigt anhand dieses Bibelbuches auf, wem gegenüber die Treue eines Mannes gefordert ist, und legt biblische Prinzipien dar, die dir helfen, die Treue auszuleben.

»Heute reden, denken, sprechen und handeln viele Männer wie Unmündige. Wer wirklich ein Mann ist, der legt ab, was zum Unmündigsein gehört. Er lebt nicht mehr für sich selbst. Wer ein Mann geworden ist, hat gelernt, nicht mehr für sich selbst, sein Vergnügen und seine Vorstellungen zu leben, sondern sein Leben hinzugeben für andere, für die Gemeinde, für seine Frau und für die Kinder. Darum ist ein echter Mann ein treuer Mann!«

– Peter Schild

Und diese Worte,
die ich dir heute gebiete,
sollst du auf dem Herzen
tragen, und du sollst sie
deinen Kindern einschärfen
und davon reden, wenn du
in deinem Haus sitzt oder
auf dem Weg gehst, wenn
du dich niederlegst und
wenn du aufstehst.

5. Mose 6,6-7